FULVIO MOCCO

Sonne – Mond
Die Polarität des Seins

FULVIO MOCCO

Sonne – Mond

Die Polarität des Seins

CHIRON VERLAG

Die Deutsche Bibliothek - CIP Einheitsaufnahme

Mocco, Fulvio:
Sonne – Mond: die Polarität des Seins/ Fulvio Mocco.
Aus dem Ital. von Christine Ableidiger-Günther. –
Mössingen : Chiron-Verl., 1996
(Standardwerke der Astrologie)
Einheistsacht.: Sole e luna <dt.>
ISBN 3-925100-21-0

Deutsche Erstausgabe

Umschlag: Walter Schneider
Druck: WB-Druck, Rieden
Моей любимой Свантье

Zu beziehen durch den Buchhandel oder direkt beim:
Chiron Verlag, Postfach 1131, D-72109 Mössingen
ISBN 3-925100-21-0

Inhalt

Einleitung

Für die meisten Menschen war die Sonne das erste, was sie über die Astrologie erfahren haben. Ihr astrologisches Wissen entwickelte sich, analog dazu wuchs die Zahl der berücksichtigten Horoskopfaktoren und sie vergaßen die Wichtigkeit der Sonne. Dabei gehört die Sonne, genauso wie der Mond zu den zentralen und grundlegenden Themen in der Astrologie. Die 144 Konstellationen von Sonne und Mond in den verschiedenen Tierkreiszeichen stellen einen vollständigen Zyklus dar, in welchem die beiden Himmelskörper die unterschiedlichsten Schattierungen gegenseitigen Einflusses zeigen. Die besondere Beziehung zwischen Sonne und Mond enthält aber auch einen der grundlegendsten astrologischen Schlüssel zu Charakter und Persönlichkeit. Sonne und Mond repräsentieren die beiden Grundprinzipien der menschlichen Existenz, Yin und Yang, hell und dunkel, männlich und weiblich, Ego und Persönlichkeit.

Die Sonne ist das spirituelle Zentrum unseres Sonnensystems. Sie symbolisiert das Lebensprinzip und die Individualität des Menschen. Die Sonne ist das Bewußtsein um das eigene Ich und die individuelle Eigenart, die sich von der Persönlichkeit unterscheidet, sprich der positive Ausdruck des individuellen Selbst. Astrologisch gesprochen entspricht die Sonne dem Herzen, den höheren Empfindungen, dem ausdauernden Ego und den Wurzeln unseres Daseins. Die Sonne repräsentiert das psychologische Muster, das hinter unseren Handlungen steht. Generell wird die Sonne stärker mit den maskulinen Aspekten der Persönlichkeit und mit den Tätigkeiten der linken Gehirnhälfte assoziiert.

Der Mond dagegen versinnbildlicht unsere Seele, die intuitive

Seite, und er lenkt die *Persona* oder anders gesagt, unsere Maske. Im Mond erkennen wir unsere innere Persönlichkeit, die im Kontrast steht zu der nach außen vorgelebten Persönlichkeit, welche der Aszendent anzeigt. Der Mond markiert auch die vielen Phasen und Sprünge in unserer Persönlichkeitsentwicklung. Er ist die Reflektion der Sonne, und er herrscht über die Sinne und unsere Vorgehensweise. Seine Kraft entspringt den uns angeborenen unterbewußten und familiären Erinnerungen und die Mondstellung im Horoskop zeigt, wo sich Denken und Fühlen verbinden. Der Mond legt durch seinen instinktiven, emotionalen und körperlichen Einfluß unsere Aufnahmebereitschaft und Empfänglichkeit für Erfahrungen fest. Hier befinden wir uns auf der femininen Ebene unserer Persönlichkeit.

Nicht umsonst spricht man vom Unterschied wie Tag und Nacht, doch dazwischen schiebt sich die Morgendämmerung als Übergangszustand oder Verschmelzung der Prinzipien. Zusammen repräsentieren Sonne und Mond die Pole des menschlichen Seins. Während die Sonne uns also die individuelle Seite des Lebens mitsamt ihren bewußten Entscheidungen vor Augen führt, bringt uns der Mond mit den instinktiven Lebensreaktionen und emotionalen Bedürfnissen in Kontakt. Aber eines sollten wir dabei niemals vergessen, egal ob Mann oder Frau, jeder von uns trägt *beide* Wesensmerkmale in sich. Die Beziehung von Sonne und Mond im Horoskop ist sehr wichtig, denn sie zeigt uns, wie wir mit uns selbst zurecht kommen. Darin spiegelt sich das Bild, das wir von uns selbst haben und ob wir uns mit unserer Identität wohl fühlen.

Eine kombinierte Betrachtung der Wechselbeziehung des Sonnenzeichens mit dem Mondzeichen erweitert die astrologischen Deutungsmöglichkeiten und vergrößert unser Verständnis von Charakter und Persönlichkeit. Denn je bewußter wir mit der Polarität von Sonne und Mond umzugehen lernen, desto besser wird es uns gelingen, mit uns selbst ins Reine zu kommen und ein größeres Maß an Harmonie zu erlangen. Die Sonne wird immer vom Mond begleitet. Eine Widder-Sonne wird ihre Grundeigenschaften impulsiv, mutig und mit viel Initiative und Energie zum Ausdruck bringen wollen. Es hängt allerdings von den jeweiligen Winkelverbindungen der Sonne ab, ob diese Widdereigenschaften positiv oder negativ ausgelebt werden.

Die typischen Eigenschaften der Widder-Sonne werden jedoch durch das Verhältnis zum Mondzeichen modifiziert. Zum Beispiel kann der Mond kurz vor oder während des Neumondes ebenfalls im Widder stehen. Dadurch werden die Eigenschaften des Zeichens und das Selbstbewußtsein intensiviert. Jede Konjunktion von Sonne und Mond in einem der zwölf Tierkreiszeichen wird die persönlichen Interessen, Antriebskräfte und Fähigkeiten zur Spezialisierung etc. jeweils stärker hervorheben.

Sonne und Mond können verschiedene Kombinationen im Tierkreis zueinander bilden. Deutlich verstärkt werden diese Positionen in der Person zutage treten, wenn ein exakter Aspektwinkel mit geringem Orbis vorliegt, entsprechend schwächer bei fehlender Winkelverbindung. Stehen die Zeichen im Trigon oder Sextil zueinander, so handelt es sich um besonders günstige Kombinationen. Nicht ganz so günstig fallen Halbsextile aus, also wenn sich die beiden »Himmelslichter« in nebeneinanderliegenden Zeichen befinden. Anstrengender sind die Kombinationen von Zeichen in Opposition oder im Quadrat, etwas abgemildert die Position in Konjunktion oder Quincunx.

Diese ganz allgemeine Darstellung der Qualität von Sonne- und Mond-Konstellationen basiert auf den klassischen Elementen. Die harmonischen Kombinationen bestehen aus gut verträglichen Zeichen, während sich die kritischen Verbindungen (abgesehen von der Opposition) aus gegensätzlichen oder sich abstoßenden Elementen zusammensetzen. Löwe ist z.B. ein Feuerzeichen mit einem Quadrat zu Wasser- und Erdzeichen. Dies kann zu Widersprüchen mit vererbten Strukturen und Ambitionen führen. Die Quadratur erfordert Aufmerksamkeit für innere Konflikte, um das beste aus den individuellen Möglichkeiten machen zu können.

Die Opposition ist polar und von daher gesondert zu betrachten, denn ihre Auswirkungen hängen vom jeweiligen Sonnenzeichen ab. Die Zeichen in Opposition können durchaus harmonisch sein, denn Feuerzeichen stehen Luftzeichen gegenüber, Wasserzeichen stehen Erdzeichen gegenüber usw. Die Polarität von Sonne und Mond kann sowohl ein konfliktträchtiges und herausforderndes als auch ein integrierendes und ergänzendes Muster anzeigen. Diese Polaritäten verstärken psychische Unterschiede und stellen Erfahrungen oder Einstellungen in Kontrast zueinander.

Das Wechselspiel von Sonne- und Mondzeichen steht auch in Bezug zu den Mondphasen. Nehmen wir als Beispiel das Zeichen Widder: wir beginnen mit Sonne und Mond in diesem Zeichen, also einer Konjunktion und haben es mit einem Neumond und seiner geradezu fanatischen Subjektivität zu tun. Bewegen wir den Mond dann ein Zeichen weiter in den Stier, so handelt es sich um ein zunehmendes Halbsextil, dessen Brennpunkt nach außen gerichtet ist. Danach käme Mond in den Zwillingen (Sonne weiterhin im Widder), ein ausdrucksstarkes Sextil. Bei Sonne im Widder und Mond im Krebs liegt ein zunehmendes Quadrat vor, das die für das erste Mondviertel typische Heftigkeit in den Entscheidungen zum Ausdruck bringen kann. Rücken wir den Mond nochmals ein Zeichen weiter in den Löwen, liegt ein kreatives, leidenschaftliches und fließendes Trigon vor. Jetzt folgt der Waage-Mond in Opposition zur Widder-Sonne, was der Vollmondphase entspricht und den abnehmenden Zyklus einleitet. Diese abnehmende Hälfte ist besonnener und stärker kopfbetont, vor allem im Quadrat (dem letzten Mondviertel) im Steinbock, bis schließlich wieder ein Neumond eintritt. Betrachten wir als nächstes die Sonne im Stier. Der Mond beschreibt wieder seinen Weg und setzt sich in den einzelnen Phasen mit dem jeweiligen Tierkreiszeichen auseinander.

Wir sehen, das Mondzeichen modifiziert die solaren Eigenschaften und eröffnet eine weiter gefaßte Betrachtung des Individuums. Die Kombination von Sonne und Mond, der wir uns mit diesem Buch widmen wollen, schließt alle Schlüsselfaktoren der Astrologie in sich ein: die zwölf Gesichter des Sonnenzyklus und die Phasen des Mondes, die im Glanz des reflektierten Lichtes strahlen. Die hier vorgestellten Bilder sind natürlich als Archetypen zu verstehen und ersetzen nie eine komplette astrologische Analyse.

Sonne im Widder

Sonne im Widder und Mond im Widder

Bei diesem Widder-Neumond stehen sowohl das von der Sonne geprägte eifrige Wollen als auch die mondhafte Gefühlsbetontheit im Dienste von Mars. Dieser Planet repräsentiert das impulsive Bedürfnis, sich zu behaupten oder ein Werk zu beginnen, und dies vollzieht sich unmittelbar, ohne abzuwarten oder abzuwägen. Zudem finden wir bei diesen Menschen die Fähigkeit, sich immer wieder zu erheben, den Blütenknospen im Frühling gleich, die im Erblühen noch die Reste des winterlichen Eises durchbrechen. Diese marsische Schwungkraft hat etwas Ursprüngliches und Animalisches, sie mißachtet das Detail und bleibt oft an der Oberfläche der Dinge haften. Ein extrovertiert und intuitiv veranlagter Charakter stürmt übereifrig voran, es mangelt ihm aber an Genauigkeit und Beständigkeit. Die Geborenen sind waghalsig, sympathisch und vom Glück begünstigt. Durch ihren Kampfgeist gelangen sie leicht zu Erfolgen, können aber ganz überraschend in Depressionen verfallen, wenn sich ihre zu hohen Erwartungen nicht erfüllen.

Die Gefühle und Emotionen pendeln im Wechsel zwischen Begeisterung und Entmutigung. Das leicht erregbare, unberechenbare Naturell und die oftmals schroffe Wesensart, aber auch die Bereitschaft, eine Initiative zu ergreifen, die durchaus revolutionäre Züge tragen kann, wirkt bis in den Gefühlsbereich hinein. So bietet zum Beispiel ein intensiver Gefühlsausbruch, der schnell zur »Liebe auf den ersten Blick« ausarten kann, aber letztlich als Strohfeuer gelten muß, das sich selbst verzehrt, keine Garantie für besondere Treue.

Leidenschaftlichkeit und körperliches Verlangen lassen den Mann mit dieser Kombination Frauen gegenüber aggressiv auftreten. Er sucht die starke, sportliche, aktive und dominante Frau. Sie wiederum ist der Prototyp der Jägerin, welche eine männliche Überlegenheit nicht anerkennt und die Phase der männlichen Identifikation aus ihrer Jugendzeit überwunden hat. Wer unter dieser Konstellation geboren ist, wird selten ein geruhsames häusliches Leben oder eine stabile Beziehung führen.

Insgesamt kann man sagen, daß bei diesen Horoskopeignern ein Bedürfnis nach offensiver Eroberung vorliegt, daß diesbezüglich jedoch zugleich sehr viel Energie vergeudet wird. Ein tendenziell zu Gewalt neigendes Ich befindet sich auf der Suche nach dem Neuen oder nach Auseinandersetzung. Die heftige Leidenschaft kann sich steigern, aber auch schnell verglühen, jedoch nicht, ohne wieder zu erstehen, denn der Widder ist nicht umsonst das Zeichen des Osterfestes.

Sonne im Widder und Mond im Stier

Die Energie der Widder-Sonne sucht hier nach einer Umsetzung im praktischen Bereich, wie es das erdgebundene Wesen des Mondes im Stier nahelegt. Der Unternehmensgeist des Widders wird kanalisiert und auf längerfristige Ziele gelenkt, die sehr klar definiert sind. Die Hartnäckigkeit des Widders ergänzt der Stier noch durch eine Prise Dickköpfigkeit, und das Ergebnis ist selbstverständlich alles andere als flexibel oder nachgiebig. Nach außen wirkt dies sympathisch und offen, doch kann sich die sonnengeprägte Impulsivität im Falle eines Kontrollverlustes ungeachtet der emotionalen Festigkeit genauso leicht entzünden. Der Arbeitswille ist sehr ausgeprägt, die Horoskopeigner sind in ihrem Handeln aktiv und von Ausdauer gekennzeichnet, jedoch zugleich rigide und ohne viel Verständnis für die Ansichten anderer Menschen.

Im Gefühlsleben spielt das unbezähmbare Bedürfnis, anderen zu gefallen, eine wichtige Rolle. Grundsätzlich handelt es sich um eine schlichte, natürliche und von Spontaneität geprägte Konstellation, in der es jedoch durch die nach Beständigkeit suchende Veranlagung des Stieres und die eher abenteuerlustigen Tendenzen des Widders zu inneren Widersprüchen kommen kann.

Bei Frauen ist einerseits eine starke Identifikation mit der Mutterrolle vorhanden, andererseits aber auch der Wunsch nach Unabhängigkeit von diesen traditionellen Grundwerten deutlich spürbar; ferner streben sie nach Dominanz. Männer suchen vor allem nach einer mütterlichen Frau, der sie sich unterordnen können – vorausgesetzt der Ehrgeiz des Stiermondes hindert sie nicht daran. Das Verlangen siegt immer über den Idealismus und die Logik des Individuums. Die Horoskopeigner müssen tätig und schöpferisch sein, sich aber auch ihre Befriedigung verschaffen, ohne sich allzu sehr um die äußeren Rahmenbedingungen, wie soziale Rituale, Sprachregeln oder gesellschaftliche Strategien kümmern zu müssen.

Sonne im Widder und Mond in den Zwillingen

Dies ist eine optimistische und lebhafte Konstellation, die sich unvorsichtig und mit wenig Beständigkeit in die Zukunft bewegt. Man agiert rasch und unvermittelt; es handelt sich um einen neugierigen, undisziplinierten, vagabundenhaften und einen leicht zu Größenwahnsinn neigenden Charakter. Die Ideen sprudeln pausenlos aus einem heraus, verwandeln sich und kehren sich ins Gegenteil, tauchen wieder auf, verschwinden, ändern sich und vermehren sich rasant. Es ist ein beachtliches Potential an geistiger Energie vorhanden, die jedoch wenig Bestand hat und vor allem für den kurzzeitigen, brillanten Einsatz geschaffen ist. Diese Persönlichkeit ist eindeutig intuitiv veranlagt und neigt zu Extrovertiertheit, das Ich findet seinen Ausdruck am besten im Sarkasmus, in schneidender Schärfe und bissiger Treffsicherheit. Die Geborenen lieben das Vergnügen und haben Spaß daran, jemanden zu überzeugen, lassen sich jedoch ab einem gewissen Punkt auch ungern auf andere ein.

Gute Fähigkeiten auf den Gebieten Kommunikation, Literatur und des Journalismus sind zu beobachten, denn Denken und Handeln stehen in klarer Beziehung zueinander. Das Handeln folgt dem Denken zum richtigen Zeitpunkt und mit großer Reaktionsschnelligkeit. Es besteht die Gefahr eines gewissen Durcheinanders, sobald mit Ideen gespielt wird, ohne sie jemals festzuhalten, denn es fällt schwer, zu ausgereiften Plänen zu kommen. Die Vielseitigkeit kann dazu führen, daß wenig vertieft wird und man in einer gewissen Oberflächlichkeit haften bleibt.

Gespielt wird auch mit den Gefühlen, die zwar lebhaft und intensiv, aber gleichzeitig ruhelos und unstetig sind. Treue, Beständigkeit, oder absolute Ernsthaftigkeit sind hier schwer zu erfüllende Forderungen – das Bedürfnis nach Bewegung und Abwechslung ist einfach zu groß. Frauen mit dieser Konstellation sind eher anpassungsfähig, Männer dagegen eher abenteuerlustig. Die weibliche Fähigkeit, sich schnell unterschiedlichen Partnern anpassen zu können, erhöht die Bereitschaft zu Untreue und unüberlegtem Handeln sogar und fördert die Suche nach Abwechslung. Dies ist eine Konstellation von großer Leichtfertigkeit, denn die Geborenen suchen vor allem Gefährten für Spiel und Abenteuer, um mit ihnen den Augenblick zu genießen.

Sonne im Widder und Mond im Krebs

In dieser Planetenverbindung trifft eine erhöhte Sonne auf einen starken Mond und wir begegnen einer Kombination aus Heißblütigkeit und Gefühlsbetontheit. Phantasien und Emotionen sprühen wie ein Feuerwerk hervor und wirken sich störend auf das Handeln des Geborenen aus. Entscheidungen werden oft mit frühlingshaftem Übermut getroffen, der allerdings von chronischer Reizbarkeit begleitet sein kann. Gleichzeitig ist eine innere Unsicherheit oder zumindest ein Bedürfnis nach Unterstützung vorhanden, das nach einer soliden häuslichen Basis verlangen läßt. Aktivität und Passivität können in schnellem Wechsel stehen. Diese kreative Kräftekombination verwendet die Vergangenheit als Rohmaterial für ihr Schaffen und die Intuition ist eine ihrer wirksamsten Waffen.

Auch im Gefühlsbereich treten dieselben Widersprüchlichkeiten wie im Verhalten zutage: schnelle und gleichzeitig starke Gefühlsreaktionen, sowie das Schwanken zwischen Selbstbehauptung und Unterordnung. Das Familienleben ist bewegt und gekennzeichnet von Unruhe und Konfrontation. Innerer und familiärer Friede erscheint als eine Art Traum, nach dem man sich nur sehnen kann, der sich aber scheinbar nie erfüllen wird. Im Wesen eines Menschen mit dieser Konfiguration stehen zum einen körperliche Bedürfnisse und zum anderen romantische Neigungen im Widerstreit miteinander. Der Mann sucht eine Frau mit häuslichen Eigenschaften, die ihm emotionale Geborgenheit gibt, doch kann er ihr auf der anderen Seite sein streitsüchtiges und schroffes Temperament nicht ersparen. Die Frau schwankt zwischen innerer Annahme oder Ablehnung dieser passiven weiblichen Rolle. Vermutlich wird sie eher dagegen ankämpfen und einen Partner suchen, der ihren leicht hysterischen Anwandlungen und Launen, aber auch ihren übertriebenen romantischen Tendenzen tolerant gegenübersteht.

Sonne im Widder und Mond im Löwen

Eine Konstellation, die kein Zögern kennt. Ein sonnenhafter Charakter schlägt gerne Räder wie ein Pfau, um Eindruck zu erwecken, ist aber durch seine echte Wärme auch liebenswert. Der Mond im Löwen hat leuchtende, moralische Ideale und mit seiner glühenden Phantasie errichtet er ganze Königreiche. Sein Wille strebt nach einer tonangebenden Position oder einer Herrscherrolle. Dieser Mensch versucht, die Phantasien unbedingt in die Realität umzusetzen.

Handeln, Denken und Sprechen vereinen sich zu einem einzigen, optimistisch gestimmten und oft naiven anmutenden Impuls, der sich ganz dem Glauben und der Intuition hingibt, sich dabei aber oft mit dem Gesamteindruck begnügt und die Einzelheiten vernachlässigt. Es sind auf jeden Fall darstellerische Begabungen vorhanden, und die Ausstrahlung und Redekunst des Geborenen können ihn zum Erfolg führen. Allerdings darf er nicht der Versuchung erliegen, zu sehr zu übertreiben und die ohnehin bunten Phantasiebilder noch prächtiger auszuschmücken. Der Mond ist in dieser Verbindung nicht mehr nur der Himmelskörper mit dem blassen nächtlichen Schein. Als Fehler wären innere Härte, wenig Flexibilität in der Bildung von Ideen sowie eine Unbeständigkeit im Handeln zu nennen. Es fehlt die Elastizität, die zu einer gelungenen Anpassung an die Realität der Mitmenschen nötig wäre.

Im Gefühlsleben treffen wir auf eine heftige Leidenschaftlichkeit. Der Mann tritt betont maskulin und unternehmungslustig auf, wobei Zügellosigkeit und Untreue nicht ausgeschlossen werden können. Sowohl Sonne als auch Mond stehen hier in Feuerzeichen – Liebe auf den ersten Blick ist so gut wie sicher. Ein Mann mit dieser Konstellation wird seine Frau gerne vorzeigen und wie ein Schmuckstück an die Brust heften. Die Frauen, gekennzeichnet von einem verführerischem Blick, suchen nach aktiven Partnern und gehen empfindsamen und trägen Männern aus dem Weg, es sei denn, sie wollen diese eher beherrschen als inspirieren.

Sonne im Widder und Mond in der Jungfrau

Der Wille zum Erfolg dieser Sonne stützt sich auf praktische Ideale, auf genau durchdachte und mit einem gewissen Opportunismus versehenen Pläne sowie das Bedürfnis, etwas aufzubauen und hervorzubringen. Diesen Vorhaben kann allerdings das Gespür für die Probleme anderer fehlen, denn an erster Stelle steht der Drang zum Analysieren und Kritisieren – eine etwas kühle Neugier für die Beweggründe der Mitmenschen. Dieser Konstellation ist der Beigeschmack eines Hauches von Sadismus zueigen, der eventuell in der Ausübung des Berufs sublimiert wird: das Spektrum reicht diesbezüglich vom Metzger über den Chirurgen bis hin zum Psychiater. Es ist auf jeden Fall eine Bindung an die Materie zu beobachten, zum technischen und planerischen Aspekt der Arbeit. Man bevorzugt alle Tätigkeiten, bei denen etwas vervollkommnet werden muß.

Skepsis und Sarkasmus, aber auch eine Unsicherheit zwischen Impuls und Denken gehören zu den normalen Eigenschaften dieser Konstellation, die nicht immer sehr beliebt ist, entweder wegen ihrer Schroffheit und ihrer zu starken Ichbezogenheit, oder aufgrund des ihr mangelnden Selbstwertgefühls. Auf optimistische Höhenflüge kann ein starkes depressives Tief folgen. Man hat Angst vor Einsamkeit und sucht gleichzeitig die Isolation. Die Widder-Sonne muß ihre spontane Offenheit und Leidenschaftlichkeit bremsen, und wird im Versuch, die innere Blockierung zu überwinden, gerne dickköpfig und hartherzig. Der Mond seinerseits versucht, den wenig verfeinerten Instinkten der Sonne seine Zurückhaltung aufzuzwingen, weil er sie als verletzend und quälend empfindet. Der Mann wird sich eine einfache Frau als Partnerin suchen. Die Frau legt bei ihrer Wahl eine gewisse Berechnung an den Tag oder sie wird eine Beziehung mit starker Tendenz zu Aggressionen eingehen.

Sonne im Widder und Mond in der Waage

Diese widersprüchliche Kombination muß willensstarke und kämpferische Vitalität mit einer sanften, anpassungsfähigen und einer etwas kühlen Empfindsamkeit vereinbaren. Es kommt dabei zu einer Kraftprobe zwischen den Wünschen (und allen damit verbundenen Risiken) und dem Bedürfnis nach Harmonie, das einem Zuviel an Verantwortung lieber aus dem Wege geht.

Beide Zeichen können ein leidenschaftliches und kontaktfreudiges Wesen verstärken, das sich gerne gesellschaftlich verwirklichen will. In zwischenmenschlichen Beziehungen und für das Innenleben können die zahlreichen Freundschaften und der extrovertierte Charakter von Nutzen sein. Auf der Ebene des Handelns kommt es jedoch vor, daß das lebhafte Feuer der Sonne sich von den allzu gediegenen und auf Eleganz gerichteten Strukturen des Mondes nicht im Zaum halten läßt – die Folge ist ein Auf und Ab an Impulsen und Ideen, die schnell wieder verloren gehen.

Geborene mit dieser Konstellation haben die Tendenz zur Flucht in die Innerlichkeit, zeigen oft eine Abneigung gegen alles Tiefschürfende, oder entfachen einen Brand, dessen Ausgang ungewiß ist. Diese Konstellation kann sehr schöpferisch und künstlerisch veranlagt sein, manchmal aber auch ewige Dilettanten hervorbringen. Männer suchen eine zarte, feinsinnige Lebensgefährtin, die ihnen zur Seite steht, und auf die sie ihre eigenen weniger maskulinen und schwer zu integrierenden Persönlichkeitsanteile projizieren können. Frauen haben den starken Wunsch, anderen zu gefallen, geraten dabei aber oft in einen Widerstreit: sie identifizieren sich einerseits gerne mit dem Partner, wollen andererseits aber gleichzeitig unabhängig von ihm sein. Daraus erwächst meist ein buntes Kaleidoskop an Gefühlen.

Sonne im Widder und Mond im Skorpion

Horoskopeigner mit dieser Konstellation wollen häufig um jeden Preis ihre eigenen Ansichten durchsetzen. Dabei entflammen sie sich manchmal für unliebsame Ideale, oft aber wirken sie nur als Besserwisser. Sie sind häufig zynisch oder skeptisch und nur allzugerne bereit, ihre eigenen Ideen mit gezücktem Schwert zu verteidigen. Eine gewisses Maß an kämpferischer Einstellung ist dabei immer vorhanden und kann auf positive Weise in mitreißendem Engagement zum Ausdruck kommen. Stoßen sie dagegen auf Hindernisse, verwandelt sich dieses in grüblerische Zurückgezogenheit oder übertriebene und nicht konforme Kritiksucht, die auf nicht minder heftige Reaktionen treffen wird. Ihr Ehrgeiz ist stark auf Eroberung und Besitz ausgerichtet.

Diese gefühlsstarken Charaktere können sich auf schnellem und oft ungewöhnlichem Weg von ihren fixen Ideen befreien. Bei negativ geprägten Persönlichkeiten können Neid und Rachsucht zum Charakterbild gehören. In der Regel, wenn die soziale Sublimierung der Kräfte glückt, können aus solchen Menschen jedoch erstklassige Chirurgen oder Detektive werden, welche sich die sezierende Begabung und den scharfen Verstand des Skorpions zunutze machen. Es wird allerdings immer das Handeln dem Denken vorausgehen.

Im Gefühlsleben sind diese Personen sehr auf sich selbst bezogen und nicht immer fähig, sich auf andere Menschen einzustellen, was selbstverständlich zu Konflikten führen muß. Der sehr instinktbetonte Mann sucht nach einer widerspenstigen Partnerin im Stil der *Femme fatale*, die auf sein eher konfliktgeladenes Spiel eingeht. Die Frauen sind ähnlich veranlagt: sie sind unnachgiebig, sie wollen verletzen, aber auch verletzt werden. Dies erinnert an den hebräischen Mythos von Lilith, der ersten Frau Adams. Sie wollte sich ihm nicht unterwerfen, entfloh und an ihre Stelle trat schließlich Eva, die sich den Gegebenheiten anpaßte.

Sonne im Widder und Mond im Schützen

Dies ist eine harmonische Konstellation, welche die sonnenbetonte Willenskraft und Unternehmungslust mit der Konstruktivität des Mondes im Schützen verbindet. Dabei kann es zu enthusiastischen Vorstellungen und Übertreibung kommen, ebenso liegen Fanatismus und übermäßiges Vertrauen in die eigenen Ideen und Möglichkeiten vor. In jedem Fall aber ist Wagemut, Standhaftigkeit, Gerechtigkeitsgefühl sowie eine passionierte Überredungsgabe vorhanden, die mitreißend und inspirierend wirkt.

Der Glaube an das Leben treibt zu mutigem Taten an, und umgekehrt wirkt die eigene Begeisterungsfähigkeit als Stütze für das Handlungsbedürfnis. In den Geborenen lebt ein militanter Geist, der nach Ideen und Überzeugungen sucht und diese entwickeln und verbreiten will. Ihr Bedürfnis nach Bewegung, Wettbewerb und Auseinandersetzung ist groß. Das Handeln ist grundsätzlich konstruktiv, wenn auch manchmal allzu naiv. Der Geborene verharrt in dem Glauben, Enthusiasmus allein sei schon ausreichend, Angriff sei die beste Verteidigung und die Dinge seien immer das, was sie zu sein scheinen. Im allgemeinen ist jedoch Selbstbewußtsein auf sozialer und emotionaler Ebene vorhanden. Die Fähigkeit zur Kommunikation verspricht dieser Konstellation Erfolg.

Männer wenden sich Frauen mit edlen Gefühlen zu, suchen aber auch Lebensgefährtinnen mit einem Körper, der physischen Abenteuern gewachsen ist. Die Frau mit dieser Kombination verlangt zuerst große Entscheidungen, versucht dann aber, die Oberhand zu erlangen, zu befehlen und die Rollen zu vertauschen. Wie Pallas Athene hat sie den Eindruck, eher von einem Vater geboren worden zu sein als von einer Mutter. Sie hat ein großes Herz, ist immer voll sprühender Kraft und bereit, Energie auch weiterzugeben.

Sonne im Widder und Mond im Steinbock

Hier handelt es sich um eine schwierig zu handhabende Situation, denn die beiden Tierkreiszeichen sind ziemlich unterschiedlich: das eine liebt die Tat und ist schlagfertig, das andere neigt zu Vorsicht und wohlüberlegten Antworten. Wie können beide in Einklang kommen? Vielleicht am ehesten noch im Streben nach Macht. Skrupel können den Tatendrang bremsen, es sei denn das Handeln ist auf verantwortungsvolle, vorausberechnete und geplante Ziele gerichtet. Für den Steinbock-Mond bedeutet es jedoch eine enorme Anstrengung, die Ungeduld und den Tatendurst einer im ersten Tierkreiszeichen erhöhten Sonne zu bändigen.

Die Ausrichtung auf konkrete, materielle und politische Ziele geht zu Lasten des Innenlebens, das gebremst und in den Hintergrund gedrängt wird. Der Horoskopeigner muß sich mit den Ellbogen Freiraum verschaffen, und die dazu nötige Energie ist sowohl kurz- als auch langfristig betrachtet durchaus vorhanden. Es handelt sich jedoch um einen starken, spröden, unzugänglichen und manchmal auch unsensiblen Charakter; er ist nicht leicht aus der Ruhe zu bringen oder versucht zumindest, in sich keinerlei Mitgefühl aufkommen zu lassen, um auf diese Weise ungerührt seinen eigenen Weg weiterverfolgen zu können. Er liebt es, nach seinem eigenen Entschluß zu handeln, aber auch, zu befehlen. Ein Widder bleibt immer ein Widder, und selbst wenn er emotional »unterkühlt« ist, behält er doch seine Energie und eine Erregbarkeit, die sich Ausdruck verschaffen kann. Dieser Widerstreit zwischen Instinkt und Vernunft kann zu innerem Leiden führen, und dementsprechend auch Skrupel und Gesinnungsänderungen hervorrufen.

Im körperlichen Bereich können wir Männlichkeit, Arbeits- und Widerstandskraft beobachten; im Gefühlsleben geht jedoch die Feinfühligkeit leicht verloren oder wird als Gefühlsduselei, Weinerlichkeit oder Launenhaftigkeit abgetan: es ist nicht einfach, mit solch einem Felsblock zu leben. Bei den Frauen ist eine Ablehnung jeder Form passiver Weiblichkeit festzustellen – sie wollen sich den Männern keineswegs unterwerfen und sich auch nicht in die Verantwortung eines Daseins als Hausfrau und Mutter hineinstellen. Stattdessen haben sie ein Bedürfnis nach konkretem Engagement, sei es in der Politik, auf sozialem Gebiet oder in sportlicher Hinsicht. Männer suchen die Vorherrschaft, um dadurch das Gefühl eines Mangels an Zuneigung zu lindern, und wenden sich daher Frauen zu, die ihr rauhes Wesen ertragen können.

Sonne im Widder und Mond im Wassermann

Dies ist eine recht harmonische und kreative Planetenverbindung, in der die Energien des Wassermannes jene des Widders auf günstige Weise verstärken. Der Wille zur Selbstbehauptung befindet sich entweder in Harmonie mit den kollektiven und humanitären Idealen oder richtet sich auf konstruktiv zu verwirklichende Ziele. Wir begegnen einem ausgeprägtem Individualismus und haben es mit einer originelle Handlungsweise zu tun, die zwar lebhaft und ein wenig revolutionär ist und absoluter Freiheit bedarf, aber nie allzu gewalttätig wird. Die Originalität und das Bedürfnis nach Planung, Erneuerung und schöpferischer Tätigkeit machen empfänglich für den Wandel der Zeiten und lassen nach höheren Wahrheiten suchen, die ein Widder normalerweise eher vernachlässigt, weil es ihm an Geduld mangelt. Das Schlüsselwort lautet hier Reorganisation.

Diese Konstellation ist eine wahre Schatzkammer an Vertrauen und Altruismus. Der Tatendrang erschöpft sich allerdings oft sehr schnell, weil er zu sehr auf einem ersten Impuls beruht. Auch auf der Gefühlsebene ist eine schnelle Reaktionsweise als typisch zu beobachten sowie eine Mischung aus Leidenschaft und absolutem Idealismus.

Die Frau mit dieser Konstellation ist eher intellektuell und distanziert, während der Mann eher instinktiv und mit Ansprüchen auftritt. Er wird versuchen, sich aus seinen Widersprüchen zu befreien, indem er eine *hypermoderne* Frau wählt und dann über sie sagt: »Sie ist die Intellektuelle in der Familie.« Er selbst ist ein Mensch der Tat. Die Frau wird den sinnlichen Männertyp bevorzugen, jedoch in erster Linie, um ihm zu lehren, daß der Geist den Körper beherrschen muß (doch glaubt sie selbst auch nicht ganz daran). Sie ist zukunftsorientiert, unabhängig, und immer überaus bestrebt, ihrer Zeit voraus zu sein, die platte Realität zu überwinden und in eine Art »Surrealität« zu gelangen.

Sonne im Widder und Mond in den Fischen

Die Sonne ist der unmittelbaren Wirklichkeit und dem Handeln zugewandt. Der Mond weist auf Traumwege und vage Zukunftsbilder hin. Die außergewöhnliche Gabe der Intuition vereinigt diese beiden Tendenzen im Kampf für ein Ideal, welcher vielleicht auch mit einem Hauch von Fanatismus oder Sektierertum gepaart ist. Die moralischen Vorstellungen sind sehr persönlich gefärbt oder strittig, und zumindest kann das eigene Verhalten auf verschiedene Weise gedeutet werden. Einerseits besteht die Gefahr, den Sinn für die Realität zu verlieren, anderseits auch das Risiko, ganz naiv dem Unechten oder einer falschen Prophezeihung in die Falle zu gehen, obwohl man doch gerade auf der Suche nach der Reinheit war.

Auf jeden Fall hilft die ausgeprägte Sensibilität und das mitmenschliche Verständnis, mit den anderen zu kommunizieren und sie zu überzeugen, auch wenn das, was gesagt wird, oft rätselhaft erscheint. Das Bedürfnis, nach dem versteckten Sinn der Dinge zu suchen, bewirkt häufig eine subjektive Sichtweise, die sich in der Rolle des Barden, des Sehers oder des Redners gefällt. Dazu gehört dann auch das Klagen und Jammern, wenn man nicht verstanden wird. Diese Kombination ist kreativ, allerdings nicht so sehr im künstlerischen Sinne, sondern auf der Ebene der Vorstellungskraft, der blitzartigen Eingebung und des zufälligen aber geglückten Impulses.

Im Liebesleben haben wir es entweder mit gebieterischer und fanatischer Leidenschaft, beziehungsweise mit verblüffenden Täuschungen zu tun, oder mit blinder und trügerischer Ergebenheit. Bei diesen Geborenen ist religiöse Kompensation zwar durchaus möglich, aber nicht sehr wahrscheinlich. Die Frauen wirken geheimnisvoll, sie schwanken zwischen Sublimation und Unbefangenheit, zwischen Sinnlichkeit, Leidenschaft und Nachsicht mit sich selbst – und dabei ist dies immer mit einem romantischen Beiklang versehen. Die Männer sind einerseits instinktbetont, andererseits aber dennoch empfänglich für den Reiz der »geheimnisvollen Frau«.

Sonne im Stier

Sonne im Stier und Mond im Widder

Diese Konstellation könnte man unter dem Motto »harte Arbeit für eine begeisternde Idee« zusammenfassen, jedoch führt das ungewisse Element des Widdermondes, dem es zwar nicht an Leuchtkraft, häufig aber an Orientierung mangelt, dazu, daß man nicht von einer Idee, sondern von »den Ideen« sprechen muß. Es ist durchaus hartnäckige Betriebsamkeit festzustellen, die Ideale können jedoch häufig wechseln oder unterschiedlichen Phasen folgen. Dabei handelt es sich um unbefangene und moralische Ideen, die auch sehr optimistisch sein können, manchmal jedoch auch allzu dogmatisch und subjektiv.

Die vorhandene Willenskraft befähigt die Horoskopeigner, etwas Stück für Stück aufzubauen. Falls man sich ihr widersetzt, kann sie aber auch ganz unvermittelt explodieren. Arbeit kann einem Selbstzweck dienen; dann haben wir es mit einem Individualismus zu tun, der sich auf eher disziplinierte Weise auszudrücken und zu behaupten sucht. Dies ist aber nicht immer der Fall. Diese Planetenverbindung kann sehr konkret und erdgebunden sein, gelegentlich auch unnachgiebig, dickköpfig und kaum fähig, sich der Wahrheit eines anderen anzunähern. Die Verbindung in diesen Zeichen ist in sozialer Hinsicht zwar produktiv, aber viel weniger zur Mitarbeit geeignet als andere Kombinationen des Mondes mit einer Stiersonne.

Die Gefühle sind heftig und es ist ein instinktives Bedürfnis nach Gratifikation vorhanden, das für vernünftige Überlegung nur schwer zugänglich ist. Frauen können »männliche«, beherrschende Tendenzen aufweisen. Männer hegen Frauen gegenüber häufig Gefühle der Unterordnung, gefolgt von einem plötzlichen Drang nach Auflehnung, oder sie sind überhaupt ambivalent. Was die Treue betrifft, so kann sich diese als recht problematisch erweisen: der Stiergeborene ist an sich sehr treu, doch die widderbetonte Seite scheint Abwechslung zu wünschen und könnte die Oberhand behalten.

Sonne im Stier und Mond im Stier

Dies ist eine willensstarke und überaus produktive Kombination, welche die ganze Fülle des Seins vollkommen zum Ausdruck bringt: das Bedürfnis zu probieren, zu kosten, sich etwas anzueignen und zu besitzen. Genuß ist wichtig, doch er muß natürlich sein, von den einfachen und konkreten Dingen herrühren, von den ersten sinnlichen Eindrücken des Kindes, das die Wärme des mütterlichen Körpers genießt. Es handelt sich also um das Bedürfnis nach körperlicher Berührung, nach ständigem Bearbeiten, Modellieren, plastischem und schöpferischen Gestalten, oder um engen Kontakt mit der Erde und ihren Früchten, mit der Pflanzen- und Tierwelt, mit den Jahreszeiten und den kosmischen Rhythmen.

Diese Konstellation ist von geselligem und sanftem Charakter, doch kann sie in ihrer extremen Ausprägung auch stur werden und sich in alten Gewohnheiten festfahren. Im emotionalen Bereich dominiert eine außergewöhnliche Stabilität; Gefühle entwickeln sich langsam und neigen selten zur Sublimation oder zu platonischer Liebe, da der körperliche Aspekt überwiegt. Eifersucht, Treue und ein beharrliches Streben nach Besitz gehören hier zur Norm.

Männer werden nach einer Partnerin suchen, die großzügig, spontan und warmherzig reagiert, die weder kompliziert noch zurückhaltend ist, und die in Arbeits- und anderen Interessensbereichen die Rolle einer Mitarbeiterin übernehmen kann. Die Frauen verfügen in hohem Maß über diese geschätzten weiblichen Eigenschaften – sie werden beim Partner Sicherheit suchen, sei es nun in materieller oder in emotionaler Hinsicht. Ihre ausgeprägte Sinnlichkeit kann zunächst ein Problem darstellen, doch können sie diese bestens ausleben. Als Mütter sind sie sehr ausgeglichen.

Sonne im Stier und Mond in den Zwillingen

Die auf die greifbare Wirklichkeit ausgerichtete Arbeitsenergie des Stieres wird hier durch die Beweglichkeit des Mondes in den Zwillinge intellektueller und dynamischer gestaltet. Es ist sowohl der Wille vorhanden, sich festzulegen und Wurzeln zu schlagen, um etwas Kräftiges gedeihen zu lassen, als auch ein unbewußtes Bedürfnis, sich seinen eigenen Launen hinzugeben und die Flucht zu ergreifen. Dieses unaufhörliche Suchen und der schnelle Wechsel der Gefühle stören die gelassene Ruhe der Sonne, welche versuchen wird, ihnen zu entgehen oder sie zumindest auf den Bereich der Phantasie und des Geistes zu beschränken. Gelingt dies dem Geborenen, so haben wir es mit einem kräftigen und arbeitsamen Menschen zu tun, der jedoch nicht dickköpfig und berechenbar reagiert, wie es bei negativeren Ausprägungen des Stiers vorkommt. Er ist vielmehr fähig, sich phantasievoll den Umständen anzupassen und entwickelt sich zu einem guten Geschäftsmann oder Konstrukteur von jugendlicher und unbeschwerter Wesensart.

Wird die mondbetonte Seite verdrängt, so kommt es zu einem inneren Zwiespalt: auf der einen Seite steht das Bedürfnis nach Sicherheit und Beständigkeit, das Denken an den längerfristigen Nutzen und die Tendenz zur Anhäufung von Gütern. Auf der anderen Seite finden wir Unbeständigkeit, Verschwendungssucht und Disziplinlosigkeit. Wird die Sonne zum Sieger, so bleibt ein Rest von schmerzlicher Trauer übrig – gewinnt der Mond die Oberhand, so dominiert Unsicherheit und ein banges Gefühl.

Im Bereich der Gefühle herrschen die gleichen Widersprüche: Spiel oder Ernsthaftigkeit, sich binden oder flüchten, treu sein oder nicht. Soll man sich den Sinnen hingeben oder wachsam und distanziert bleiben? Der Mann wird nach einer jugendlichen, unbeschwerten und extrovertierten Frau suchen, in der er jenen Teil seiner selbst wiederfindet, von dem er nicht weiß, ob er ihn ablehnen oder annehmen soll. Die Frau hingegen wird als Ausgleich Treue und Verläßlichkeit suchen. Sie wird vielleicht nicht besonders mütterlich sein, doch wird sie ihre Kinder immer bestens unterhalten können.

Sonne im Stier und Mond im Krebs

Diese harmonische Kombination vereint die Lebensfreude der Stiersonne mit der Fähigkeit zum Staunen des Mondes im Krebs. Man könnte sagen, daß aus den Träumen der Kindheit der Grundstoff für die persönliche Befriedigung in den kleinen Dingen des Lebens bezogen wird. Beiden Tierkreiszeichen ist das Gefühl für die natürlichen Rhythmen gemeinsam, für den Zyklus der Jahreszeiten, die Freude am liebevollen Betrachten der archaischen und doch immer neuen Formen von Tieren, Blättern, Wasserläufen oder des nächtlichen Mondes. Menschen mit dieser Konstellation wissen den Reichtum der Natur zu schätzen und nutzen diesen für ihre geistige Befruchtung und zum konstruktiven Handeln, denn sie sind ausgezeichnete Organisatoren.

Was die Ideale betrifft, so steht an erster Stelle das zuverlässige, warme Nest, in dem man sich niederlassen und vor der Komplexität der modernen Welt schützen kann. Als nächstes folgt die Nachkommenschaft als notwendige Verlängerung des eigenen Selbst, welches alles Vergängliche als absolut und das Flüchtige als ewig erscheinen läßt. An dritter Stelle steht die materielle Sicherheit.

Dies ist für die Frau vor allem eine gute Konstellation im Hinblick auf das Muttersein. Es mangelt ihr vielleicht an Initiative, sie ist manchmal allzu leicht zufriedenzustellen, doch verfügt sie über Beständigkeit in der Arbeit und über Kreativität. Der Sinn für das Praktische verbindet sich mit der Phantasie. Auch ist ein starker Wunsch nach Romantik vorhanden, doch früher oder später unterliegt der unerreichbare Traum einer ganz realen Wirklichkeit. Die Frau diesen Typs verkörpert für viele Männer ein Idealbild, sowohl in mütterlicher als auch in erotischer Hinsicht. Männer mit dieser Kombination sind liebevoll, zärtlich, sinnlich und suchen in der weiblichen Partnerin die mütterliche Wärme, die Fruchtbarkeit der Natur und streben nach der Lust um ihrer selbst willen. Sie können Dichter und Bauern sein, naive Künstler oder Träumer, aber dies bleibt alles in Maßen. Sie neigen ferner zu Genußsucht und ergreifen gerne Besitz von anderen. In der Regel ist diese Kombination aber der Treue zugeneigt.

Sonne im Stier und Mond im Löwen

Diese Kombination ist von extremen und impulsiven Gefühlen, von Wärme und Starrheit geprägt. Das Gemüt saugt sich voll mit dem sonnenhaften Licht des Löwen, wird dadurch verstärkt und stellt die Willenskraft in den Dienst des Stolzes. Als Motto könnte gelten: »Entscheiden mit Leidenschaft«.

Die Sonne ist bereit sich einzusetzen, aber dann eben für etwas Großes. Wir beobachten hier einen Wunsch nach Zuerwerb, nach innerer Beruhigung durch materiellen Besitz und einen hohen Bedarf nach Anerkennung der eigenen Verdienste durch die anderen. Daneben besteht auch eine Neigung zur Spekulation. Das Energiepotential ist unbezwingbar, denn die Beständigkeit des Stieres wird ergänzt durch die Ausstrahlung und Vertrauenskraft des Löwen. Sind die Ziele auch hoch angesetzt, so sind sie doch auch immer praktischer Natur. Sie sind greifbar und entsprechen zwar leuchtenden Idealen, haben aber einen durchaus egozentrischen Hintergrund, denn der Drang zur Selbstdarstellung ist beachtlich. Wärme und Großzügigkeit sind vorhanden, nicht aber das ebenso nötige Feingefühl, um die Probleme anderer Menschen wirklich zu verstehen. Der wahre Kern des Wesens bleibt eingeschlossen in einem stolzen, uneinnehmbaren Turm. Ihnen wird oft großer gesellschaftlicher, politischer oder künstlerischer Erfolg zuteil, doch werden sie häufig mehr gefürchtet als geliebt.

Wir werden hier mit übertriebenen Leidenschaften konfrontiert und begegnen einer spontanen und oft etwas anmaßenden Euphorie, aber auch einem starken Wunsch nach Treue zu einer edlen, strahlenden Liebe, die sich an sich selbst entzündet. Dabei soll es sich nicht um ein Trugbild, sondern es muß sich um eine wirkliche Person handeln, die greifbar und vorzeigbar ist. Der Mann sucht nach einer leidenschaftlichen, großzügigen, sinnlichen, auffallenden und lebenshungrigen Frau, mit der er einen zauberhaften Sommer verbringen kann. Die Frau mit dieser Konstellation ist eher berechnend. Ist ihr Partner nicht ehrgeizig, so wird sie ihn zwingen, dies zu werden. Sie ist gleichzeitig despotisch und souverän mütterlich, aber auch ein wenig exhibitionistisch veranlagt, denn ihre Art, sich zu bewegen und zu benehmen hat etwas ganz Besonderes an sich.

Sonne im Stier und Mond in der Jungfrau

Diese Konstellation betont die Talente der opportunistischen Vernunft, die Fähigkeit zum planmäßigen Vorgehen, das Verantwortungsgefühl und den Wirklichkeitssinn. Es kann auch eine Begabung für das Kaufmännische vorhanden sein und es mangelt nicht an einem gewissen Zweckdenken. Der Sinn für Besitz ist ausgeprägt, ebenso die Sammelleidenschaft oder das Bedürfnis, Dinge zu horten, zu sortieren und alles in Ordnung zu halten. Hier unterliegt jede Handlung einer gewissen Methode und Logik. Dieser Mensch ist fleißig, gewissenhaft, perfektionistisch und manchmal kritisch bis zum Exzeß. Vor allem im Beruf neigt er eher dazu, Dinge auszuführen und umzugestalten, als eine leitende oder kreative Stellung einzunehmen. So offen er auch sein mag, er scheint doch nie wirklich an den Problemen anderer teilzuhaben. Das Motto lautet, »vernünftig« zu sein, das Ziel ist ein gelassener Abstand, der schließlich in Egozentrik mündet, oder auch in eine dienstfertige Haltung, denn der Geborene besitzt auch die Gabe, sich in eine Rolle hineinzudenken, diese zu spielen oder nachzuahmen.

Man geht lieber langsam vor, bleibt vorsichtig und mißtrauisch, kopfbetont und unnahbar. Die Vernunft ist den Gefühlen ständig auf den Fersen, selektiert, will die Übersicht behalten, übt aber auch häufig eine Unterdrückerfunktion aus. Das instinktive Handeln ist nicht allzusehr gebremst, zumindest solange das Resultat noch greifbar ist, doch sobald heikle Gefühle im Spiel sind, wird auch das Bedürfnis nach Selbstkontrolle stärker. Erteilt die Vernunft aber ihre Erlaubnis und läßt man sich gehen, so kann die ganze Leidenschaft des Stieres entfesselt werden und ihren Tribut an Freude und Lust einfordern.

Diese Kombination entspricht mehr dem Mann, und dieser wird sich eine intelligente und nüchterne Frau suchen, mit der er seine Vorliebe für Ordnung und Einfachheit teilen kann. Frauen unter dieser Konstellation laufen Gefahr, verkannte Edelsteine zu bleiben, die eingeschlossen sind in ihrer Druse. Sie brauchen einen Partner, der imstande ist, sie zu suchen und zu finden und der sie zwingt, sich von ihrer Patina zu befreien, sich in Facetten schleifen zu lassen, damit sie ihr ganzes Licht ausstrahlen können.

Sonne im Stier und Mond in der Waage

Die Verbindung dieser beiden von Venus beherrschten Zeichen betont die Harmonie, verstärkt den Wunsch nach sozialen Kontakten und das Verlangen, anmutig freundschaftliche Beziehungen einzugehen und zu beenden. Die Geborenen sind geradezu beziehungssüchtig und nicht zuletzt deswegen entscheidungsunfähig. Die Sensibilität des Mondes wünscht ein Gleichgewicht zwischen Gefühl und Form, eine Beteiligung der Gefühle, die nicht quälend oder störend sein soll. Der Sinn für Farbe oder Musik kann zu einer künstlerischen Betätigung führen. Form geben, schmieden – diese Ausdrücke sind hier angebracht. Das wesentliche Element dieser Kombination ist jedoch das Bedürfnis zu lieben und geliebt zu werden, sich gemeinsam mit dem anderen zu freuen. Für einen Künstler mit dieser Konstellation steht das Zölibat nicht zur Debatte. Er möchte als Künstler nicht mit der Kunst »verheiratet« sein, denn er benötigt nicht nur geistig-seelische Nahrung, sondern will auch den Körper zu seinem Recht kommen lassen. Der Mond in der Waage kann so raffiniert sein wie die Sonne im Stier schlicht und pragmatisch ist, und daher kommt im einfachen und gutmütigen Verhalten des Stieres oft ein unterschwelliger Snobismus zum Vorschein.

Im Gefühlsleben sind die Horoskopeigner sanft und anziehend, was beim Mann auch etwas geziert wirken kann. Aber tatsächlich ist er immer sympathisch und bemüht, zu gefallen und jede Art von Konfrontation zu vermeiden. Diese romantische Sanftheit ist ein wenig gekünstelt, gleichsam einer Verbindung von körperlicher Leidenschaft und einem Liebestraum aus Zuckerwatte, der zwar schön anzusehen ist, aber wenig bleibende Substanz besitzt.

Dennoch steht diese Kombination für praktische Zusammenarbeit auf allen Ebenen, vor allem in weiblichen Horoskopen, welche eine Ehefrau par excellence versinnbildlichen, mit allen erwarteten positiven Eigenschaften, wie emotionaler Verläßlichkeit, Ausgeglichenheit und Anpassungsfähigkeit an die Vorlieben des Partners. Genau diesen Typ von Partnerin werden sich Männer mit dieser Konstellation nämlich suchen, um ihr ergeben zu sein, sich selbst zu ergänzen und ihre Empfindsamkeit in einer anderen Person, sprich ihrem weiblichen Gegenpart, gespiegelt zu sehen.

Sonne im Stier und Mond im Skorpion

Das Zusammenwirken dieser kosmischen Kräfte ist sehr widersprüchlich: Sonne im Stier will besitzen und sich solide Grundlagen verschaffen; Mond in Skorpion beflügelt die Phantasie, bewirkt aber auch Sehnsucht nach Abwechslung, und dies mündet in ein ständiges Schwanken zwischen Anspannung und Erschlaffung.

Menschen mit dieser Konstellation sind leicht besitzergreifend, eifersüchtig, leidenschaftlich und gierig. Ihre Sehnsüchte sind von großer Intensität und stark auf das Konkrete und Körperliche ausgerichtet. Einerseits besteht ein Verlangen nach einem verläßlichen Pol der Ruhe, der aber schnell als langweilig empfunden wird, anderseits ist da auch der Wunsch nach einem dramatischen Ereignis, durch das man sich erst wirklich lebendig fühlt.

Den Geborenen stehen große Energiereserven bereit und ihr Lebensmotto lautet »Verwirklichung«. Gelebt wird auf der materiellen Ebene, da das Geistige nicht als wirklich ebenbürtig empfunden wird. Sie haben eine starke Triebnatur und mobilisieren unermüdlich neue Kräfte. Man erlebt es geradezu als ein Vergnügen, in Übereinstimmung mit den eigenen radikalen und pragmatischen Grundsätzen hartnäckig in der Realität verankert zu bleiben. Nur gelegentlich finden wir mit dieser Stellung von Sonne und Mond absolute Mystiker.

Die Reaktionen im Gefühlsbereich sind intensiv, von einer destruktiven Heftigkeit geprägt und von starker, oft widersprüchlicher innerer Beteiligung gekennzeichnet. Erotik wird ungestüm und oft als quälend erlebt. Es kann auch ein gewisser Narzißmus vorhanden sein, oder wichtige Menschen werden als Objekte betrachtet. Der Mann sucht nach einer aufregenden Frau, die ihn von seinen heftigen Begierden erlösen soll. Die Frau ist faszinierend, fatal, kämpferisch, nicht sehr treu aber eifersüchtig. Bei genauerer Betrachtung kann man sagen, daß Treue entweder absolut und in höchstem Maß oder aber gar nicht vorhanden ist. Es ist hier eher die Gefahr des einen oder anderen leidenschaftlichen Dramas gegeben, aber sicher nicht die von langweiliger Routine.

Sonne im Stier und Mond im Schützen

Hier begegnen wir einer herzlichen Offenheit, Wärme, Leidenschaft und Liberalität. Allerdings kann es auch zu extremen Gefühlen kommen und zu übertrieben starken Reaktionen. Wutanfälle treten beim Stier selten und erst nach einer lange andauernden Entwicklungsphase auf, aber dann in explosiver Form, und der Mond im Schützen kann ihm darüberhinaus noch die Phantasie verleihen, sich das Schlimmste vorzustellen. In der Regel ist eine gewisse Neigung zu Exzessen vorhanden, was sich auch in materieller Hinsicht äußern kann. Die Gier kann beachtliche Ausmaße annehmen, auch wenn es sich dabei um Lernbegierde oder Lust am Konstruieren handelt. Das Streben dieser Menschen kann auf moralische Ideale ausgerichtet sein, doch häufiger steht das Bedürfnis nach sinnlich erfahrbarer Bewegung, nach Reisen und Abenteuern im Vordergrund. Diese Geborenen wollen nicht nur denken oder glauben, sondern auch aktiv etwas »tun«.

In der Liebe kann die gleiche Impulsivität, Leidenschaft und Großzügigkeit vorhanden sein, die die Horoskopeigner zum Abenteuer verlockt. Mond im Schützen fordert die Sonne auf, sich zu kompensieren, indem er den Pfeil in die Unendlichkeit schnellen läßt (der Kentaur), doch der Stier ist fest mit der Materie verhaftet. Männer werden von einer Frau mit anmutigem, gazellenhaften Körper träumen, der ständig in Bewegung ist. Die Frauen sind großzügig, loyal, etwas unbefangen, von Natur aus optimistisch und haben starke sexuelle und affektive Bedürfnisse. Sie werden nach einem zweiten Kentaur suchen, der unter Einsatz aller Kräfte mit ihnen galoppieren, aber auch dem Pfeil des Glaubens folgen kann. Er muß Freude an den einfachen und klaren Dingen haben, Winkelzüge sind nicht willkommen. Eine Tätigkeit im Freien, vielleicht im Umgang mit Tieren, wäre der ideale Rahmen dieser sehr naturverbundenen Sonne/Mond-Kombination mit ihrem Hang zur Romantik.

Sonne im Stier und Mond im Steinbock

Hier handelt es sich um ein sehr vorsichtiges, bedächtiges und methodisch vorgehendes Naturell, das gerne plant, überarbeitet und grübelt. In Ideen und Handlungen macht sich Hartnäckigkeit bemerkbar, was sich auch verstockt und unbeweglich äußern kann.

Es werden in der Regel konventionelle, praktische und greifbare Ziele angestrebt; Ehrgeiz und Gefallen an materieller Sicherheit sind wesentliche Elemente dieses Charakters. Unabhängiges und auf sich allein gestelltes Arbeiten wird zwar geschätzt, im allgemeinen wird aber meistens irgendeine Form der Zusammenarbeit bevorzugt. Ist man auch ehrgeizig, so geht dies nie bis ans Äußerste; Strenge und Fanatismus sind von visionärer »Reinheit«.

Die Gefühlswelt ist eher karg. Äußerlich gesehen mag der Einzelne emotionslos wirken, dennoch ist er fest in der Realität verwurzelt und in seiner persönlichen Mitte verankert. Deshalb kann er überzeugend, inspirierend und vertrauenswürdig auftreten. Eine Umsetzung der Emotionen im sozialen oder politischen Bereich ist möglich, ebenso aber auch das Gegenteil. Die Rede ist von einer fieberhaften Suche nach materieller Befriedigung und dem schwachen Vergnügen daran, daß die emotionale Kargheit des Mondes im Steinbock (meist aufgrund einer eher einsamen Kindheit) die Sonne im Stier dazu zwingt, die Leere auf solche Weise zu füllen.

Die Frauen sind karriereorientiert, opportunistisch, gesellschaftlich engagiert und am Gewinn orientiert; die Eigenschaften des Stiers können teilweise das Interesse an der Schlichtheit und Einfachheit bewahren helfen. Bei den Männern sind die gleichen Tendenzen zu beobachten: der Wunsch nach einer praktischen und einfachen Frau, mit der man in Gemeinsamkeit arbeiten kann.

Sonne im Stier und Mond im Wassermann

Dies ist eine Kombination voller Gegensätze, denn die Sonne im Stier ist so praktisch, opportunistisch und traditionalistisch veranlagt, wie der Mond im Wassermann abstrakt und zukunftsorientiert ist und in seinen Empfindungen dazu neigt, die Instinkte zu läutern. Dies ist für den überaus materiell orientierten Stier sehr schwierig nachzuvollziehen. Der Mond hat Freude an Experimenten und an Abweichungen vom Üblichen, während die Sonne Vorsicht, Methodik und Tradition verlangt.

Schließlich liebt der Wassermann offene Beziehungen, ist weder eifersüchtig noch besitzergreifend, denn alle gehören zu einem Ganzen. Dagegen ist der Stier eher ein eifersüchtiges Tierkreiszeichen, denn er verlangt absolute Treue und beharrt auf dem, was ihm ›gehört‹. Hier liegt also ein großer Widerspruch vor, ein Kampf zwischen schwerer Materie und dünner Luft, zwischen Vergangenheit und Zukunft, Beschränkung und Öffnung. Meist obsiegt die Hemmung. Auf intellektueller Ebene kann das Verschmelzen der Substanzen gelingen, indem die große Arbeitskraft, dank der Aufnahmebereitschaft für soziale und menschliche Probleme, in den Dienst wissenschaftlicher oder innovativer Ideale gestellt wird. Der Mond setzt auf diese Weise seine ätherische und wandlungsfähige Anmut ein.

Im Bereich der Gefühle herrscht ein größerer Zwiespalt. Der Stier ist sehr stark mit der Natur und dem Irdischen verbunden, der Mond aber fordert ihn auf, weiter zu gehen, die weltliche Weide zu verlassen und sich in einen abstrakteren und distanzierteren Bereich vorzuwagen. Die Sonne wird dem nur schwerlich nachgeben, muß sich aber auf einen Kampf einlassen. Die Idee wird über das Handeln siegen, und Männer mit dieser Kombination werden nach einer Lösung des Problems suchen, indem sie sich Frauen zuwenden, die dieses hohe, edle, engelhafte Ideal verkörpern – dennoch müssen sie aus Fleisch und Blut sein. Frauen spüren die innere Zerrissenheit weniger stark und können sich leichter auf diese geistige und seelische Erhebung einlassen, die dem Eros hohe Ziele verleiht. Ihre Hingabebereitschaft ist sehr stark ausgeprägt.

Die Kunst kann hier ein geeignetes Mittel zur Distanzierung und Sublimation sein; denn auch wenn sie exzentrisch sind, so haben diese Menschen doch immer ein zurückhaltendes, ruhiges, wenig exhibitionistisches Wesen, welches aber hartnäckig seine schöpferischen Eingebungen verteidigt. Neben der Kunst kann auch die Wissenschaft zur großen Gefährtin werden.

Sonne im Stier und Mond in den Fischen

Dies ist eine von Weichheit und Nachgiebigkeit gekennzeichnete Kombination, die offen ist für Freundschaft und große Verständnisbereitschaft zeigt. Die Sonne verharrt aber in ihrer realitätsbezogenen und praxisnahen Position, während sich die mondgeprägte Empfindsamkeit dem Traum und der Mystik zuwendet. Diese strebt nach einer Öffnung, durch die das Universelle ins Individuelle eindringen kann, um es neu zu gestalten und zu verwandeln.

Die beiden Tendenzen können im Erlebnis der Natur zusammenfinden, oder auch in romantisch gefärbten Emotionen, doch in gewissen Bereichen gestaltet sich die Koexistenz der beiden Gestirne in diesen Zeichen schwierig. Es ist das unbewußte Bestreben des Mondes, sich in etwas Größerem und Höherem zu verlieren, doch der Stier bleibt der Erde und deren Früchten anstatt der ambrosianischen Nahrung der Götter verhaftet.

Ein nach höheren Bereichen strebender Mond und eine starrsinnige Sonne können möglicherweise Frömmler oder religiöse Fanatiker hervorbringen, in jedem Fall aber sind die Äußerungen der Menschlichkeit und die Hinwendung zu den Bedürfnissen der Mitmenschen ehrlich gemeint.

Der Stier arbeitet hart, der Mond aber möchte ihn in der Umarmung mit dem Mysterium sehen, doch wie kann man über das Unendliche grübeln? Wie bearbeitet man das Schweigen? Vielleicht, indem man es in das Erlebnis der Natur oder in eine Frau hineinprojiziert. Der Mann kann beides in der Tat als unberührbar und rätselhaft erleben, als Symbol für jene inneren Tiefen, von denen er nicht weiß, wie er sich ihnen nähern kann; er kann sie anbeten, aber nicht aus der Ferne, denn der Stier ist ein Erdzeichen, das in diesem Fall vom Wasser der Fische befruchtet wird.

Die Frau mit dieser Konstellation kann ein starkes religiöses Empfinden und einen Drang nach transzendenter Erfahrung haben. Sie wird sich vielleicht als große Mutter fühlen, die so viel wie möglich mit ihren Armen umschließt, doch auch sie muß der eigenen leidenschaftlichen Sinnlichkeit und Hingabebereitschaft Rechnung tragen, die sie nur teilweise sublimieren kann.

Sonne in den Zwillingen

Sonne in den Zwillingen und Mond im Widder

Die extrovertierte Vitalität der Sonne in den Zwillingen verbindet sich hier mit der Empfindungen des Mondes in einem Feuerzeichen. Die zugrundeliegende, intellektuelle Veranlagung verlangt nach völliger Gedankenfreiheit und Ausdrucksmöglichkeit. Auch sind die bei Zwillingen meist eher oberflächlichen Gefühle in dieser Verbindung intensiver, behalten aber das Unbeständige und Improvisierende bei, das die beiden Zeichen verbindet. Es besteht ein großer Drang zu Taten und vor allem auch zu Worten.

Der Geist schweift und flattert gerne umher, wird von unwiderstehlichen Impulsen getrieben und schmückt sich mit Glanzlichtern. Der Intellekt ist der bevorzugte Bereich dieser Menschen; ihr Redestil ist geistvoll, bissig und sarkastisch, ihre Reaktionen sind schnell. Der Mond verlangt den Ausdruck heftiger Gefühle und die Sonne tut alles, um ihn zufriedenzustellen, doch ihre hervorragende Ausdrucksfähigkeit besitzt keinen Tiefgang, ihre Strukturen sind nicht so angelegt, daß sie große Intensität ertragen oder Mut beweisen könnte. Die Sonne akzeptiert dies höchstens als Spiel, doch wenn die Gefühle zu unkontrollierbaren Schwingungen werden, muß sie dämpfend eingreifen, denn es könnte sonst ein Mißverhältnis entstehen. In dieser Kombination kann Zwanghaftigkeit im Guten wie im Schlechten eine Rolle spielen: das Bedürfnis sich selbst zu kontrollieren, alles zu überprüfen, immer von neuem zu diskutieren, nichts ernst nehmen, nicht einmal sich selbst – denn nichts ist sicher.

Wo der Scharfsinn gegenüber der Beharrlichkeit vorherrscht und wo komödiantische Begabungen vorhanden sind, wird der Mangel an Disziplin schnell zur Regel. Die Horoskopeigner können immer auf die Unterstützung und Sympathie anderer zählen, nicht aber auf echte Freundschaften. Auch sind sie selbst nicht durch und durch loyal.

Beide Geschlechter zeichnen sich nicht durch einen besonderen Hang zur Treue aus. Sie behalten die etwas kühle Unschuld der Jugendjahre bei und bestehen gerne darauf, ihre »inneren Wände« gelegentlich neu zu tünchen. Bei Männern fällt die Wahl eher auf Frauen, die ihnen ähnlich sind als auf solche, deren Eigenschaften den eigenen komplementär entgegenstehen. Frauen suchen nach Partnern, die ihnen volle Freiheit lassen, sie nicht mit Eifersuchtsdramen belästigen und mit denen sie eine intellektuell betonte Beziehung pflegen können, welche nicht zu viel Engagement oder Verantwortung abverlangt.

Sonne in den Zwillingen und Mond im Stier

Die verläßlichen, tiefen und intensiven Gefühle des Mondes können die Frische und Jugendlichkeit der Sonne in den Zwillingen nur teilweise zufriedenstellen. Sie wird sich vor diesem Gefühlsregen in Sicherheit bringen wollen und sich kopfbetonten Tätigkeiten zuwenden. Das Ergebnis kann auch eine gewisse Ruhelosigkeit sein, im besten Fall ein rastloses Suchen nach den wirklichen eigenen Zielen, im schlimmsten Fall das Gefühl, eine Verkleidung zu tragen. Es ist andererseits jedoch eine bemerkenswerte emotionale Stabilität vorhanden, so daß das aufgeregte Flattern der Sonne wieder beruhigt werden kann.

Menschen mit dieser Kombination lernen gut und eignen sich für das Studium, weil zur emotionalen Beständigkeit ein lebhafter Geist hinzukommt. Weiß der Mond sich in einem Bereich zu behaupten, in dem die Redekunst und die Lebensart zur Befriedigung beitragen, dann kann dies praktische und organisatorische Begabungen hervorbringen. Als Mängel sind starke Subjektivität, Kopflastigkeit und Leichtfertigkeit zu nennen, hinter der sich eine einseitige Sichtweise der Dinge verbergen kann.

Neben der verstandesmäßigen und praktischen Seite wird auch der Gefühlsbereich durch diese Konstellation begünstigt, denn die gesunde und kräftige Emotion findet hervorragenden Ausdruck. Es handelt sich hier um eine der stabilsten Mond-Verbindung einer Zwillingssonne, wenn auch zwischen der intellektuellen Beweglichkeit und der Langsamkeit in den Gefühlen eine deutliche Kluft bestehen bleibt. Diese erzwungene Gemeinschaft kann im Gefühlsleben zu Problemen führen, sobald der Geist ein Ziel verfolgt, dem sich das Gefühl nur langsam zu nähern vermag. Gelingt es dem Mond, mit dem unruhigen Lebensschwung der Sonne Schritt zu halten, so kann sich deren Oberflächlichkeit auf wunderbare Weise wandeln und einem Gefühl von Frieden und Reinheit Platz machen.

Der Mann wünscht sich eine praktisch veranlagte Frau, die ihm die Gefühlsintensität verleihen soll, gegen die er sich selbst innerlich häufig wehrt. Die Frau hat hohe Ansprüche – sie verlangt auf materieller und intellektueller Ebene viel von ihrem Partner, er muß sowohl Standfestigkeit als auch Wandlungsfähigkeit mitbringen.

Sonne in den Zwillingen und Mond in den Zwillingen

Das Liebesleben wird bei dieser Kombination in der Regel vom Intellekt kontrolliert, der sich in einem unendlichen Labyrinth der Gedanken, der Kommunikation, im geistigen Austausch und im Spiel verwirklicht. Neugierde und Wissensdurst führt zu einem Bedürfnis nach Abwechslung und daraus resultierend schließlich zur Verweigerung, eine feste Position zu beziehen. Es besteht eine vielseitige Fähigkeit, verschiedenste und seien es noch so komplexe Themen in langen Exkursen auf geradezu geniale Weise zusammenzufassen und zu erläutern. Aber ebenso unvermeidlich ist die Zerstreuung und Nervosität, denn die Horoskopeigner sind unfähig, konstant einer Methode zu folgen oder über längere Zeit eine Richtung beizubehalten. Dieser Ich-Zustand führt zu immer neuen Anläufen, strategischen Rückzügen, Maskeraden, theatralischem Verhalten und Spielen, in denen der Einzelne schließlich selbst nicht mehr weiß, wer oder was er ist. Geblendet von seinem eigenen buntschillernden Mantel, den er wie ein Zauberkünstler vor die Augen seines Publikums hält, wird das Leben eher ein wenig imitiert als wirklich in der ganzen Tiefe der Gefühle gelebt.

Diese Geborenen sind uneindeutig und nur schwer faßbar; sie werden immer versuchen, Probleme zu verharmlosen, um durch ihre Gelassenheit ihre intellektuelle Überlegenheit zu beweisen. Dabei ist nicht Stolz im Spiel, sondern eine Spur Leichtfertigkeit, gemischt mit einer optimistischen Sichtweise der eigenen Improvisationsfähigkeit (die allerdings in der Tat sehr ausgeprägt ist). Mit brillanter Redeweise kann der Betreffende überzeugen, unterhalten und auf angemessene Weise kommunizieren, wobei er manchmal doch eine gewisse jugendliche Schüchternheit verbergen oder überspielen muß. Absolute Ehrlichkeit ist hier vielleicht ein illusorischer Anspruch, schon weil es gar nicht sicher ist, daß der Geborene überhaupt weiß, wann er ehrlich ist und wann nicht, weil er sich im Spiel seiner Reflexionen verliert.

Für den Gefühlsbereich ist die Kombination günstig, denn sie vereint das Bedürfnis, brillant aufzutreten, gepaart mit einer gewissen Unbeschwertheit (Mond in den Zwillingen) mit der tatsächlich vorhandenen Fähigkeit, andere zu beeindrucken. Über das Verständnis von Treue darf man bei diesen Horoskopeignern berechtigte Zweifel hegen; sie können zwar voller Aufmerksamkeit sein, doch werden sie auf Ausdrücke wie »ewige Liebe«, »überwältigende Leidenschaft«, »feste Bindung« usw. immer allergisch reagieren. Die Liebe ist für sie eine Art Spiel – man kann das Feuer entzünden, muß aber sehr darauf achten, sich nicht die Finger zu verbrennen.

Beide Geschlechter suchen auf etwas narzißtische und nicht sehr verbindliche Weise nach der »verwandten Seele« im Spiegelbild. Sie können aber auch auf das Gegensätzliche, Ergänzende setzen: auf ein naives Wesen voller Glaube und Leidenschaft. Aber werden sie dann ihr Überlegenheitsgefühl im Zaum halten können?

Sonne in den Zwillingen und Mond im Krebs

Eine empfindsame und leicht verwundbare Planetenverbindung, mit der man die eigenen Gefühle gerne unterdrückt oder verbirgt. In einem unruhigen, labilen und angespannten Wesenskern verbindet sich hier die jugendliche Frische der Zwillinge mit der Ängstlichkeit und Vorstellungskraft des Krebses. Das Bewegungs- und Kommunikationsbedürfnis der Sonne wird durch den passiven und häuslichen Charakter des Mondes gebremst, der ihr irreale Ziele vorgibt und sie zwingt, sich zu fragen, wer sie ist. Es kann Interesse am Okkulten, Geheimen oder Vergessenen vorhanden sein, doch wird dies alles auf spielerischer Ebene behandelt und als Unterhaltung erlebt. Wenn die Sonne ihr rationales Licht in die dunklen Winkel wirft, die der Mond entdeckt oder erinnert, so verlieren die ohnehin flüchtigen Schatten der Vergangenheit noch mehr an Substanz. Daraus können Befürchtungen und Unzufriedenheiten entstehen. Es wächst das Verlangen, umherzustreifen und ständig nach etwas zu suchen, das nicht greifbar ist, nach einem romantischen Traum, der im Widerstreit mit der Wirklichkeit und dem eigenen Wunsch nach Sicherheit steht. Man sehnt sich nach einem warmen und geschützten Nest. Ein zentrales Bedürfnis ist es, sich auf ein würdiges Ziel einzustellen und zu konzentrieren.

Die Sonne läßt sich von dieser nur angelehnten Tür zur Vergangenheit leicht verführen, sie bedient sich außergewöhnlicher Materialien, ist kreativ, literarisch und rational veranlagt – doch weiß sie nicht, ob sie sich eher dem Traum oder der Vernunft anvertrauen soll. Diese Menschen müssen von einer jugendlichen Sicht auf die Realität zu einem reiferen und praktisch bezogenen Umgang mit der Wirklichkeit finden. Anderseits hilft das Bild des empfindsamen und schillernden Kobolds, die jugendliche Frische zu bewahren und nicht in Schwerenot und Unbeweglichkeit zu erlahmen. Auf ihre Mitmenschen können diese Geborenen verschlossen und behäbig wirken, gleichzeitig aber kann man sie kaum fassen, kann nicht über sie bestimmen und sie schwer mit sich selbst konfrontieren.

Im Gefühlsbereich bemerken wir eine gewisse Schüchternheit, vereint mit einem Bedürfnis zu träumen, sich zu verändern und sich in ständigem Spiel geschickt zu entziehen, was nicht ganz ohne innere Spannungen vor sich geht. Ständig stellt man sich die Frage, soll man bleiben und Wurzeln schlagen oder sein Wanderleben weiterführen? Männer mit dieser Konstellation suchen eine umsorgende Frau, den sicheren Hafen der Ehe für ihr unruhiges Wesen. Frauen fühlen sich zu intellektuellen und vielseitigen Partnern hingezogen, denen sie sich dann anpassen. Es kann sich hier um den

Prototyp der Kindfrau handeln, die einen festen Bezugspunkt braucht, oder (wenn das Vorbild der eigenen Mutter positiv erlebt wurde) um die fürsorgliche Frau, die sich von ihrem Wunsch nach Beschütztwerden befreit, indem sie selbst Beschützerin wird.

Sonne in den Zwillingen und Mond im Löwen

Ein ehrgeiziger, von Phantasie überschäumender und den hohen Idealen des Löwen verpflichteter Mond muß hier die Sonne dazu bringen, sich auf Ziele auszurichten, die ihrer Natur nicht entsprechen. Mühevolle Anstrengungen und geistige Höhenflüge passen nicht zu der Sonne in den Zwillingen, denn sie sucht das schnelle Ergebnis. Für sie muß der Weg auch die Möglichkeit zur Änderung und ein wenig Spaß beinhalten – für ein noch entferntes Ziel zu leiden, kommt nicht in Frage.

Hier treffen also die Ideale des Mondes und deren Verwirklichung durch die Sonne aufeinander. Der Mond befindet sich in einer grundsätzlich starken Position, denn der Löwe verleiht ihm die Energie der Sonne. Er ist von sich eingenommen und anmaßend und betrachtet alles durch ein Vergrößerungsglas. Befänden sich die beiden Funktionen nicht in ein und derselben Persönlichkeit, so würde die zwillingsbetonte Seite wohl den Löwencharakter auslachen und hänseln, doch hier ist das unmöglich. Selbstironie kann originell sein, doch auf die Dauer wirkt sie zermürbend. Die übertriebene Selbstsicherheit des Mondes erzeugt Impulse, denen die Sonne schließlich nicht widersteht; meist wird ein fast gefährlicher Optimismus die Oberhand behalten, doch kann es durch das unruhige Wesen der Zwillinge und das Gewicht des Ehrgeizes zu Schwankungen kommen.

Die Tendenz, sich darzustellen, ist mit dieser Kombination oft ausgeprägt. Aber zum Glück ergänzen die beiden Sternzeichen einander auf ideale Weise in allem was die Selbstdarstellung betrifft, sei es das Bedürfnis, im Mittelpunkt zu stehen, Schauspieler zu sein, schöpferisch und formgebend zu wirken oder zu organisieren. Theater, Vortrag, Sprache, Literatur – all dies ist hier begünstigt, benötigt aber eine gewisse Selbstkontrolle, damit aus

Ungezwungenheit nicht Clownerei und aus Redekunst nicht Gefallsucht wird.

Die direkte Kontaktaufnahme mit anderen fällt leicht und gelingt auch, die Unbeständigkeit der Zwillinge wird vom Idealismus des Löwen gemildert. Eine gewisse Anspruchshaltung im Gefühlsleben läßt den Horoskopeigner jedoch eine sorgfältige Auswahl treffen, wobei ihn die verstandesbetonte Seite der Sonne hilfreich unterstützt. Leidenschaft und Vernunft können hier also darum kämpfen, wer das Verhalten bestimmt.

Für beide Geschlechter ist bei der Partnerwahl ausschlaggebend, ob der andere die eigenen Vorzüge anerkennen kann: es besteht also ein Bedürfnis nach Bestätigung von außen. Die Männer mögen humorvolle und etwas auffallende Partnerinnen, die Frauen wiederum setzen sich gerne dramatisch in Szene, erobern und lassen sich erobern, doch ist ihr Stolz leicht verletzbar. Diese Kombination ist nicht frei von Egozentrik und manchmal bringt sie das sprichwörtliche »sympathische Ekel« hervor.

Sonne in den Zwillingen und Mond in der Jungfrau

Nach außen herrscht bei dieser Konstellation Brillanz und Effizienz vor, innen überwiegt ein Mangel an Gefühlen, denn diese sind auf dem Altar der Vernunft geopfert worden. Eine Grundtendenz des Denkens ist hier die Kritiksucht und die mit Überschwang und manchmal bis zum Exzeß betriebene Analyse.

Für einen Menschen mit dieser Konfiguration ist es sehr wichtig, von sich ein überzeugendes Bild zu präsentieren, auf jedem Gebiet gewappnet zu sein und seine Kenntnisse auch einigermaßen vertieft zu haben. Es geht ihm nicht darum, lediglich Fakten zu sammeln, ohne diese zu verarbeiten; trotzdem fällt er seine Schlußfolgerungen häufig übereilt. Das Detail ist hier von großer Bedeutung, auch wenn bei der Probembewältigung eine gewisse Oberflächlichkeit bestehen bleiben mag: zwar wird geplant, doch werden die eigenen Möglichkeiten häufig überschätzt. Selten handelt es sich um Menschen, die für die Probleme anderer besonders empfänglich sind – sie mögen dazu imstande sein, eine Schwierigkeit scharfsinnig zu analysieren, lassen sich aber nicht darin verwickeln.

Diese Eigenschaften sind ihnen in Partnerschaften von Nutzen, denn dadurch, daß sie sich nie zu eng auf jemanden einlassen, können sie die verschiedenen Beziehungen eingehen und wieder lösen, ohne zu leiden. In der Beziehung zu ihrem Lebenspartner suchen sie vor allem das Praktische und Nützliche. Hinter der dargelebten Ungezwungenheit steht immer ein genaues Kalkül von Geben und Nehmen. Wir finden hier sicherlich weder Romantik noch Leidenschaft, aber viel Klarheit und wenig unangenehme Überraschungen.

Männer dieser Kombination dulden keine Einmischung in die eigenen Interessen und suchen nach einer nüchternen Frau, die sich der praktischen Angelegenheiten annimmt. Die Frauen sind genügsam und neigen dazu, ihre Gefühle in der Arbeit oder in intellektuellen Interessen zu kompensieren. Oder sie suchen in belanglosen Abenteuern all das, was sie als eine Befreiung von Verantwortung und Verbindlichkeiten verstehen. Für sie ist ein intellektueller und gleichzeitig doch in der Realität verankerter Mann ideal.

Sonne in den Zwillingen und Mond in der Waage

In dieser Konstellation ist die Ausdrucks- und Kommunikationsfähigkeit besonders betont, denn die Raffinesse und der Anmut vom Mond in der Waage ist mit dem Geist und dem Glanz der Sonne in den Zwillingen vereint. Der Horoskopeigner ist sehr einfühlsam und besitzt Imitationstalent. Diese Begabungen machen es ihm leicht, den Standpunkt eines anderen zu erkennen, menschlichen und intellektuellen Problemen auf den Grund zu gehen und verleihen ihm darüberhinaus schauspielerische Fähigkeiten. Die jugendliche Frische ist jedoch auch etwas wankelmütig, kühl und unpersönlich und läßt sich nicht gerne auf die Wirklichkeit des anderen ein – sie versucht viel eher, sie zu benutzen und zu manipulieren.

Die Sonne möchte blenden und mit dem Instrumentarium des Geistes spielen. Der Mond macht mit, vorausgesetzt es handelt sich um ein »schönes Spiel«, das originell, feinsinnig und kunstvoll sein muß. Das jugendliche Gemüt gibt sich in zarter Freude und Verlockung hin und fühlt sich seinerseits angezogen von dem Wunsch, sich mit dem geliebten Wesen zu identifizieren. Allerdings bleibt es auch hier bei einer gewissen Zurückhaltung im Bereich tieferer Leidenschaft.

Die Männer sind zuvorkommend, intellektuell veranlagt und suchen eine eher unterwürfige Frau, die ihnen zur Hand geht. Die Frauen lieben das Vergnügen und passen sich dem Geschmack des Partners an. Treue ist hier nicht besonders ausgeprägt, denn in Liebesdingen ist man leichtlebig und jugendlich unbeschwert: man erlebt dies wie ein Spiel der Wolken, ein sich Vermengen und Verwirren mit fröhlichen Einfällen und mancher unschuldigen kleinen Lüge.

Sonne in den Zwillingen und Mond im Skorpion

Die Sonne in den Zwillingen vermittelt uns eine Idee von frühlingshafter Brise, von ständiger Bewegung, von flüchtigen Eindrücken, und all dies entspricht auch der veränderlichen Vorstellungskraft dieses Zeichens, die nichts vertiefen will. Die Verbindung mit Mond im Skorpion gleicht diesen Mangel zum Teil wieder aus, denn diese Konstellation macht den Menschen kritischer, scharfsinniger, tiefgründiger und außerdem sehr neugierig. Die von Mond im Skorpion erzeugte Unruhe und Leidenschaft kann durch Sarkasmus, Ironie und dialektischen Kampfgeist bestens abreagiert werden.

Vertreter dieser Verbindung von Sonne- und Mondzeichen sind höchstens oberflächlich an anderen Menschen interessiert. Unruhig und mit sich selbst beschäftigt, sind sie nicht bereit, allzu viele Zugeständnisse zu machen. Sie besitzen meist Begabungen für Forschung, Studium und Redekunst. Die lebhafte Mitteilsamkeit der Zwillinge hat jedoch häufig Mühe, die heftigen Gefühle des Skorpionmondes zu bändigen, dem jegliche Diplomatie fernliegt. Seine sinnliche Begierde findet im dynamischen Schwung der Sonne einen wertvollen Verbündeten. Diese wiederum ist jedoch jedem längeren Verweilen abhold und verbrennt sich nicht gerne die Finger, denn was sie wirklich interessiert sind vor allem Spiel und Macht. Der Geborene muß aber auch mit der skorpionischen Unruhe leben. Zwangsläufig fühlt er sich beängstigt, erschrickt vor sich selbst und seinen Verirrungen und wird versuchen, sie durch eine Tätigkeit zu sublimieren (Schreiben, Übersetzen, Analysieren, Heilen etc.).

Das Beziehungsleben ist anfangs einfach, zu einem späteren Zeitpunkt kann die kritische Grundeinstellung zu Streitigkeiten führen, aus denen die Horoskopeigner zwar als wortgewandte Sieger hervorgehen, das Gefühl aber nicht loswerden, daß sie die Seele des anderen nicht unterwerfen konnten. Männer suchen nach sinnlichen und auf unerklärliche Weise faszinierenden Frauen, was ihrer inneren Flatterhaftigkeit und ihrem Verlangen nach Intensität entspricht (jedoch immer im Zusammenklang mit einem gewissen seelischen Abstand). Frauen flattern gern von einem Mann zum anderen und bedienen sich dabei ihres unbezwingbaren Charmes. Ihre intensive Partnersuche ist dabei auf etwas Solides, wie z.B. ein Erdzeichen (Stier, Steinbock, Jungfrau), ausgerichtet; später können sie ihre Wahl aber bereuen, auch wenn sie im Moment richtig war, und sagen sich, »beim nächsten Mann wird alles anders ...«

Sonne in den Zwillingen und Mond im Schützen

Es liegt eine in höchstem Maße extravertiert veranlagte und kommunikative Kombination vor: hier begegnen sich Glaube und Gedanke in einer Person. Dies kann natürlich auch zu einem Aufprall führen, doch trotz dieser Opposition der Tierkreiszeichen ist eine Synthese letzten Endes möglich. Es handelt sich tatsächlich um Antipoden – die Sonne spielt und scherzt da, wo der Mond philosophiert und sich engagiert. Die Sonne vertraut nur auf das eigene Denken, der Mond verläßt sich auf den Glauben.

Schlauheit und Unbefangenheit passen gut zueinander – man gibt sich fröhlichen Illusionen hin. Der Mond nährt exotische Träume und die Sonne gestattet ihm dabei zwar zügellose Phantasien, ist aber wenig geneigt, sie zu verwirklichen. Dieser Konflikt geht einher mit einem treuherzigen, sympathischen, optimistischen und vornehmen Wesen, und bringt vielfältige und tiefgründige Interessen zum Vorschein. Geschäftstüchtigkeit kann mit übertriebenem Selbstvertrauen einhergehen, Großzügigkeit kann zu Verschwendung werden. Auf einer tieferen Ebene haben die beiden Zeichen Beweglichkeit und Freude an abenteuerlichen und exotischen Reisen gemeinsam.

Der Gegensatz zwischen Rationalem und Irrationalem kann aber auch zu angstbetonten Ausprägungen führen: Man weigert sich zur Kenntnis zu nehmen, daß hinter der bunten Kulisse, die sich die Sonne täglich erstellt, eine andere, innere Wirklichkeit liegt, der man früher oder später Rechnung tragen muß: diese führt zu einer präziseren Moralvorstellung, zu mehr Verantwortungsbewußtsein und einem erweiterten inneren Erleben. Stellt sich die Vergeistigung der Sonne in den Dienst dieser Ideale, so wird dadurch das intellektuelle Betätigungsfeld größer und wesentlich abstrakter.

Im Gefühlsbereich findet die Leidenschaft des Mondes in der extravertierten Sonne einen Verbündeten, jedoch nur bis zu einem gewissen Grad, denn die Sonne ist nicht bereit, sich für ein Gefühl oder ein Abenteuer so quälen zu lassen, wie der Mond dies eventuell möchte. Männer suchen eine Partnerin mit einem Amazonenkörper, sie soll aber auch reich und intelligent zugleich sein – eben ein Zwillingstraum ... Frauen wünschen sich einen Mann, der ihre Intelligenz und Großzügigkeit zu schätzen weiß und ihnen möglichst auch in ihren Träumen von einer wohlhabenden und luxuriösen Existenz entgegenkommt.

Sonne in den Zwillingen und Mond im Steinbock

Die Unruhe der Zwillingesonne wird mit der Strenge des Mondes in dem von Saturn beherrschten Zeichen vereint. Das Ergebnis ist eine kräftige Portion Vernunft, die sich förderlich auf die intellektuellen Anlagen sowie auf die Arbeits- und Lernfähigkeit auswirkt. Die Sonne in dieser Position wird von der überstarken Alchimie der Zwillinge befreit und kann der Vernunft, der Selbstdisziplin, dem inneren Abstand Raum gewähren. Die starke Ernsthaftigkeit der Persönlichkeit führt häufig zu sozialem und politischem Engagement, wobei Charisma und Redegewandtheit dieser Konstellation von großem Nutzen sind.

Die Wandlungsfähigkeit und die spielerischen Tendenzen der Zwillinge werden dadurch natürlich geschwächt: die Lust zum Lachen ist geringer oder wandelt sich zu schwarzem Humor. Dies entspricht in gewisser Weise dem Wesen eines plötzlich alt gewordenen Jugendlichen, der allzu früh vernünftig und nachdenklich wurde. Der eifersüchtige Ehrgeiz des Mondes setzt deutliche Antriebe und müßte imstande sein, mögliche Entgleisungen der Sonne, die doch von luftbetontem Wesen ist, wieder auszugleichen.

Im Gefühlsleben überwiegt eine Abwehrhaltung, denn der Mond im Steinbock ist verletzlich, melancholisch, karg und hat Schwierigkeiten, an die Liebe zu glauben. Es kann auch zu einer Kraftprobe zwischen der jugendlichen Energie und der Empfindsamkeit kommen, die eher der eines alten Menschen entspricht: dies führt zu einer Art Doppelleben mit abwechselnden Momenten von Sehnsucht und Härte. Eventuell gelingt durch Besonnenheit und Abstand ein »Waffenstillstand« im Sinne des gesunden Menschenverstandes.

Frauen sind eher »väterlich« ihrem Wesen nach; sie verfolgen zahlreiche intellektuelle und soziale Interessen. Ihren Partner wünschen sie sich von emotionaler Festigkeit, jedoch soll er auch sensibel sein. Außerdem muß er ihre gelegentliche Schwermut verstehen und ihren persönlichen Einflußbereich respektieren. Die Männer suchen nach einer verstandesbetonten, klugen Frau, die auch älter sein kann, nicht unbedingt mütterlich sein muß, aber ihnen zur Seite stehen sollte.

Sonne in den Zwillingen und Mond im Wassermann

Diese Kombination ist ganz und gar luftbetont, geprägt von Nebel, Rauch, Wind und Wolken. Sie verbreitet gerne Ideen und teilt sie mit anderen. Es handelt sich um das Temperament des distanzierten Intellektuellen, der aber Anteil nimmt an sozialen Problemen und der im Grunde große Menschlichkeit besitzt. Dies kann auch ein etwas weltfremder Erfindergeist sein, der ständig Dinge entwickelt, die wenig praktischen Nutzen haben, aber geistigen Anstoß vermitteln sollen. Innere Distanz bedeutet hier nicht so sehr Snobismus oder Verteidigungshaltung, sondern entspringt dem Bedürfnis, die gedanklichen Kräfte bestmöglich zu nutzen. Der Instinkt muß von den Fesseln des Materiellen befreit werden und soll sich vergeistigen, damit er auf eine höhere und auf jeden Fall eine neue Ebene gelangen kann. Dafür ist eigentlich wenig Raum vorhanden, doch mangelt es nicht an Bewegung, Ungeduld und nervöser Energie sowie an der Lust auf die Entdeckung anderer, unbekannter Dinge – dies ist an sich eine zwar ausgeglichene aber revolutionäre Haltung. Es gehört auch zu den typischen Eigenschaften der Menschen dieser Konstellation, daß sie gerne improvisieren, Dinge reparieren oder erzeugen. Ihre Unbefangenheit ist dabei oft allzu groß, denn sie fühlen sich dem materiellen Objekt geistig überlegen.

Diese Sonne/Mond-Kombination ist in höchstem Maß extravertiert, aber gleichzeitig nicht fähig, große menschliche Wärme zu vermitteln, und neigt oft grundlos zu Zweideutigkeit und Exzentrik. Es besteht ein tiefes Gefühl für Freundschaft, das jedoch nicht sehr beständig ist. Es fehlt an Methode, realistischer Einschätzung und Ausdauer. Manchmal sind diese Menschen begabt darin, die Beweggründe anderer zu begreifen, aber fast kindlich naiv, wenn es um die eigenen geht.

Gefühle werden als etwas Formloses erlebt, das erst verwandelt und attraktiver gemacht und den eigenen Idealen würdig werden muß. Die Realität als solche reicht nicht aus. Die Beziehung zum anderen Geschlecht ist durch die unbefangene und instinktive Offenheit einfach, doch fällt eine dauerhafte Bindung schwer, denn offene Beziehungen werden vorgezogen. Der Mann sucht eine moderne, emanzipierte und dynamische Partnerin, deren Verstand ihm genauso wichtig ist wie ihre Figur. Die Frau wird bemüht sein, Leidenschaft in anregende Freundschaft zu verwandeln, und lebt ihre Beziehungen häufig sehr instabil. Sie sucht nach einem intellektuellen Mann, den sie idealisieren kann.

Sonne in den Zwillingen und Mond in den Fischen

Diese Konstellation muß als konfliktträchtig gelten, weil sie eine gedankenbetonte Sonne und einen eher träumerischen Mond verbindet. Das Ergebnis ist häufig eine übergroße Sensibilität gegenüber jeglichen Eindrücken, Spannung, Ängstlichkeit und eine nie zu befriedigende Neugier. Die Vernunft gerät bis ans Ufer der Träume und kann nur mehr mit dem schwankenden Schiffchen der Poesie in See stechen oder sich in verworrenen, schwer verständlichen Abstraktionen ausdrücken.

Die Freude am Exotischen geht oft mit einer gewissen Lust am Lernen einher, wobei das Lernen mehr dem Selbstzweck dient und nicht so sehr dem Bedürfnis nach der totalen Erfahrung. Dies könnte die beste Grundkonstellation eines Fantasy-Schriftstellers sein. Der Mond will zu einer universelleren Dimension gelangen und setzt dadurch die Phantasie in Bewegung in Richtung auf ferne und unbekannte Horizonte. Die Sonne versucht, mit Gelassenheit die zu ihr gelangten Informationen zu verarbeiten und möchte sie auf lockere, distanzierte Weise weitergeben, ohne offensichtliche romantische Schnörkel, doch wartet die Illusion bereits hinter der Tür. Diese Spiegelungen sind kaum aufzulösen – man ist gelassen und sieht sich träumen, man ist verblüfft und spürt sich denken. Doch je mehr man denkt und überlegt, um so mehr schwächt der Zweifel die Ausdauer und Produktivität. Es überwiegt der intuitive und kreative Geist über den praktischen Verstand.

Der Konflikt ist offensichtlich – es ist nicht einfach für eine Sonne von jugendlicher Natürlichkeit, mit den Weihrauchdüften und der Sehnsucht nach Unendlichkeit des Mondes zusammenzuleben.

In Traum und Abenteuer können sie jedoch zusammenfinden: Segelschiffe, Schatzinseln und nächtliches Schaudern gehören dazu.

In der Liebe erweckt diese Kombination zu Recht Sympathie; zu heftiges Engagement wird aus Angst vor Verletzung vermieden, doch spüren diese Menschen intuitiv, wie die anderen sind und was sie ihnen geben können. Fische und Zwillinge können gemeinsam ein sehr zweideutiges Spiel treiben. Wird es zu heftig, führt es zu Größenwahn und Mummenschanz, der auf andere ernüchternd wirken kann. Die Frauen sind eher distanziert, sei es aus Tugend oder aus Kalkül, und sie suchen nicht allzu anspruchsvolle Partner, die sich über eine zu bürgerliche Existenz hinwegsetzen können. Die Männer sind unsicher in der Wahl ihrer Partnerin, sie soll unnahbar sein, geheimnisvoll und unergründlich zugleich, und außerdem nicht zu viel Engagement verlangen. Sie wollen sie aus der Ferne lieben, auf ein schwärmerische und jugendliche Art.

Sonne im Krebs

Sonne im Krebs und Mond im Widder

Eine Kombination voller Unruhe, bei der die Empfindsamkeit des Mondes in ein gebieterisches und willensstarkes Zeichen fließt, welches die krebstypische Introversion zu beseitigen versucht. Die manchmal etwas reizbare Sensibilität fördert das Traumbedürfnis der Sonne. Unterbewußte Aggressivität läßt vor allem bei Frauen die Wogen der Gefühle entflammen. Die Sonne läßt sich nicht auf Wege drängen, die in Gegensatz zu ihrem sanften, wasserbetonten und phantasievollen Wesen stehen, zumindest nicht, ohne Widerstand zu leisten und mit inneren Spannungen und Blockaden zu reagieren. Die Horoskopeigner suchen einerseits ein gemachtes Nest, in welchem sie in Ruhe leben können, müssen andererseits aber auch den Impulsen ihres Erfindungsreichtums und ihrer Phantasie Rechnung tragen. Man schwankt also zwischen Augenblicken großer Gefühlsintensität und plötzlichem Zurückweichen, zieht sich ins Innere zurück, ändert schnell seine Meinung und hat Schwierigkeiten in der Entscheidungsfindung. Das Feuer des Mondes schwelt dann vielleicht unter der Asche und wird nur durch Zufall oder durch eine unerwartete Reaktion bemerkbar – sei es nun durch Tränen oder ein plötzliches Aufbegehren.

Im Gefühlsbereich zeigen diese Menschen ein begehrendes und gleichzeit verwundbares Temperament voller Ängste. Auch hier finden wir den Konflikt zwischen dem Grundimpuls der feurigen Natur des Widdermondes, und dem ruhigen und besinnlichen Traum von vertrauter Intimität, wie ihn die Sonne hervorbringt. Folgt man den Impulsen, so kann dies schmerzliche Folgen nach sich ziehen, doch dafür wird die Vergangenheit in der Erinnerung an Farbenpracht gewinnen und zur Quelle neuer Phantasien werden: diese Konstellation kann voller lebendiger, surrealer Kreativität sein.

Frauen träumen oft davon, einen Mann zu beherrschen, was sie nicht immer verwirklichen können, weil sie im Zwiespalt stehen zwischen ihrem Wunsch, Mutter zu sein, und der Ablehnung dieser Rolle zugunsten einer kreativeren Emanzipation. Männer suchen eine aktive und dominierende Partnerin, deren Vitalität sich mit der eigenen wilden Phantasie vereint.

Sonne im Krebs und Mond im Stier

In dieser Verbindung der beiden Lichter wird die Vergangenheit auf praktische Weise neu organisiert und bewertet. Die ganze Palette an Gefühlswogen, sei es das sanfte Zugehen auf andere, sei es die Fähigkeit, etwas anzunehmen und zu empfangen (z.B. auch Gäste), drängt den Geborenen in eine eher passive Position, obwohl er durchaus imstande ist, für die eigenen häuslichen Angelegenheiten Einsatz zu zeigen. Die Persönlichkeit ist wechselhaft veranlagt, sie zeigt Begierden und ist zügellos in ihren Gefühlen; sie überläßt sich gerne dem Spiel der Phantasie.

Das Bedürfnis nach Schutz vor der Außenwelt führt zu einer Flucht in die Natur, in bewußtes Wahrnehmen der Freuden (und Schmerzen), welche einem durch die Kinder, die Haustiere und die sinnlichen Seiten des Lebens zuteil werden: der Wein ist immer rubinrot, Früchte sind von exotischem Geschmack, Musik setzt immer wahre Sturzbäche an Gefühlen frei und läßt die Saiten im Innersten erklingen wie die einer Violine, die lachen und weinen kann, aber immer mit einem sehnsüchtigen Unterton. Die üppige und freskengleiche Phantasie geht über in die Wirklichkeit und nimmt Formen an, die vielleicht in Gärten, Pflanzen oder Plantagen im Mondlicht zum Ausdruck kommen. Die Konstellation verspricht zwar keinen Ehrgeiz, kann aber dennoch sehr kreativ und künstlerisch sein.

Das Liebesleben ist an feste, vertraute und ernsthafte Ideale gebunden. Gefühle entwickeln sich nur langsam, sind aber von Dauer. Die Erde als Element des Stieres wird durch das Wasser des

Krebses befruchtet; die Elternrolle wird sehr bewußt erlebt. Männer suchen immer eine sinnliche Lebensgefährtin, die das Leben zu genießen weiß, die ihnen nahesteht und mit der sie alles teilen können, auch ihre Phantasien. Frauen sind ausgeprägt weiblich, sie verkörpern manchmal mehr die Mutterrolle oder geben sich eher als Kindfrau, aber sie sind in jedem Falle sinnlich veranlagt und lieben schöne und wertvolle Dinge. Beide Geschlechter bewahren sich das Bild der guten und großzügigen Mutter ihrer Vergangenheit und lassen sie in ihrer eigenen Rolle als Liebende(r) und Elternteil wieder aufleben.

Sonne im Krebs und Mond in den Zwillingen

Diese Kombination vereint in sich die mondhaften Qualitäten des Krebses und die Beweglichkeit und Unbefangenheit der Zwillinge. Die Phantasie ist sehr ausgeprägt und wendet sich immer wieder in die Vergangenheit oder beschäftigt sich mit der aktuellen Wirklichkeit und versucht, diese neu zu gestalten. Die Realität wird häufig als unveränderlich erlebt oder aber im Gegensatz als zu beweglich und unerfaßbar, seltsamen und fremd anmutenden Regeln gehorchend (je nach dem welchen Anteil des Horoskops man gerade lebt). Menschen mit dieser Konstellation besitzen eine vielseitige Neugier, die aber wenig Ausdauer kennt und leicht wieder abschweift. Ihre körperliche Kraft ist – im Gegensatz zur psychischen und geistigen Energie – nicht sehr groß. Es ist eine starke kommunikative Begabung vorhanden, denn der unentschlossene und ungeduldige Geist möchte alles von den anderen wissen, sich mit ihnen identifizieren, mit ihnen spielen (falls die Persönlichkeit extravertiert veranlagt ist). Der introvertierte Typus mit dieser Sonne/Mond-Verbindung verliert sich gern in seinem inneren Labyrinth, hat es meist eilig und ist ängstlich oder besorgt.

Der starke Wunsch des Krebses, sich in sich selbst zurückzuziehen (in Haus und Familie) wird durch das vom Mond geprägte Bedürfnis, zu flüchten und dem augenblicklichen Verlangen zu folgen, leicht in Schwierigkeiten gebracht. Dies geschieht auf eine lebhafte aber oft unüberlegte Weise. Einerseits widersetzt man sich ständig dem Alterungsprozeß, andererseits bedeutet dies aber auch Reifung, die nicht ohne Verfestigung oder gar Verhärtung mancher Strukturen einhergeht. Im allgemeinen wird die übergroße Empfindsamkeit aber dazu beitragen, daß der Horoskopeigner sich in seiner ideologischen Burg mit den mächtigen, düsteren Bastionen verschanzt, die hinter einer bunten und karnevalesken Bemalung verschwinden. Die Gefühle drehen sich im Kreis und vergehen, sie sind unentschlossen, ob sie bleiben und den Seelenfrieden suchen oder sich in umherschweifenden Phantasien verlieren sollen.

Der Mond in den Zwillingen sucht nichts anderes als sein eigenes Spiegelbild. Vor allem bei den Frauen bleibt ein Eindruck vom ewig jungen, flatterhaften Mädchen, dem aber auch eine andere, mütterliche, häusliche und familienbezogene Seite gegenübersteht. Sie wird immer zwischen einem ständigen Wechselbad der Gefühle und der nostalgischen Sehnsucht nach einer alten Besinnlichkeit schwanken. Viele Frauen werden als Partner eine Vaterfigur wählen, die ihnen Sicherheit vermittelt, denn ihr Geborgenheitsanspruch ist groß. Männer wünschen sich eine unbekümmerte Frau, die ihnen beibringt, wie man den Augenblick nutzt.

Sonne im Krebs und Mond im Krebs

Hier herrscht der Mond in den Tierkreiszeichen beider Planeten. Krebs ist das Zeichen des fließenden und lebensspendenden Wassers, in dem sich tausend Träume und Sehnsüchte spiegeln. Die Position beider »großen Lichter« in diesem Zeichen ist außergewöhnlich kreativ und phantasievoll. Menschen dieser Konstellation besitzen die Gabe, auf andere erholsam zu wirken: in ihrer Nähe fühlt man sich wie daheim, ihre Gegenwart ruft in uns Bilder von Abenden am Kamin wach, wenn es draußen regnet, vom guten Buch und einer genüßlichen Pfeife im Mund, von Katzen und Kindern, die umherlaufen und dabei aber leise sind und die Ruhe respektieren, in der dieser Typ Mensch seinen Urgrund findet, aus dem er gekommen ist und in den er zurückkehren wird.

Wir alle kennen das Bild des Krebses, der seine Muschelbehausung mit sich trägt. Hier ist ein Bedürfnis nach Schutz vorhanden, aber auch danach, Ideen entstehen und reifen zu lassen. Dieser schöpferische Prozeß (ich denke dabei vor allem an Schriftsteller und Dichter) hat seinen Ausgangspunkt in der Vergangenheit und entwickelt sich zart und gefühlsorientiert. Man könnte sagen, daß sich diese Menschen lieber aus der Realität flüchten als in ihr zu leben. Sie schaffen sich eine parallele, aussichtsreichere Phantasiewelt, in der sie ihre Fäden nach eigenem Gutdünken spinnen können.

Ständige Aktivität und Betriebsamkeit kann für sie genauso irritierend sein, wie es für ihre Mitmenschen lästig sein kann, sie untätig mit umherschweifendem oder starrendem Blick sehen zu müssen. Ob der Krebs nun eher träumerisch oder nomadenhaft veranlagt ist, er wird immer durch Landstriche ziehen, die auf keiner Karte verzeichnet sind, denn er ist auf der Suche nach einem ruhigen See, aus dem er sich ernähren kann. Dabei ist es ihm gleichgültig, ob er für die eine oder andere noch aufflackernde, eine melancholische Färbung tragende Erinnerung, die er dabei an Land zieht, den Preis so mancher Träne bezahlen muß.

Die Gleichung Frau-Mutter-Natur spielt bei dieser Konstellation eine große Bedeutung. Wenn man nach der absoluten Geborgenheit sucht, die im Erwachsenenalter nicht mehr erreichbar ist, dann wird man wieder empfänglich für den leisen Lockruf der Kindheit, die jetzt als ein verlorenes Paradies empfunden wird. Aus dieser Zeit haben sich die Horoskopeigner jene Leichtigkeit bewahrt, mit der sie sich auch von kleinen Dingen in Erstaunen versetzen und berühren lassen können.

Beide Geschlechter suchen im Partner eine Stütze. Der Mann wünscht sich eine mütterliche und sensible Frau, während die Frau vielleicht einen reifen Menschen sucht, der sie beschützt, oder aber jemanden, den sie verwöhnen kann – wobei sie im Grunde sich selbst und ihre eigenen Schwächen verhätschelt, die sie auf ihr Gegenüber projiziert. Sie ist intuitiv, hilfreich, mitfühlend und eine gute Pädagogin.

Sonne im Krebs und Mond im Löwen

Diese Konstellation erweist sich als übersensibel, leicht fanatisch und ein wenig melodramatisch. Der Mond im Löwen, in dem die Sonne herrscht, scheint sein eigenes Wesen als Nachtgestirn verleugnen zu wollen. Die Phantasie färbt sich golden und purpurn, sie übertreibt und überschwemmt alles. Der Krebssonne sind Gefühl, überschwengliche Vorstellungskraft und Emotion durchaus angenehm, doch haben wir es hier mit einer Umkehrung der Positionen zu tun: die Sonne steht in einem Mondzeichen und der Mond in einem Sonnenzeichen. Dem Taggestirn ist nur wenig daran gelegen, die Ideale und den Gestaltungswillen des Mondes zu verwirklichen: Träumen mag angehen, doch sich auf Kosten des inneren Friedens in Gemeinschaft zu etwas zu zwingen, das empfindet man als wenig angenehm. Manche Tätigkeitsfelder kommen dem aber zumindest entgegen: Lehrtätigkeit, Arbeit mit Kindern oder Schauspielerei. Die häuslichen Aspekte des Krebses richten sich auf den gesellschaftlichen Bereich.

Es dominiert die Triebsphäre und eine fröhlich-strahlende Hinneigung zu den Freuden des Lebens: der Krebs ist gerne naschhaft, und der Löwe will immer nur das Beste vom Besten. Im Gefühlsbereich sind Menschen dieser Konstellation entspannt, warmherzig und großzügig. Der Mann sucht eine Partnerin von auffallender Erscheinung, der er sich ganz und gar und manchmal mit großer Ergebenheit widmen kann. Die Frau möchte bewundert werden; sie hat eine fürsorgliche Seite, kann aber auch ein wenig tyrannisch, empfindlich und hochmütig sein. Sie liebt es einerseits, wenn man ihr weibliches Äußeres schätzt, andererseits soll aber auch das, was sie in der Familie vollbringt, Anerkennung finden. In der Partnerschaft kann ihre eiserne Faust im Samthandschuh leicht die Zügel ergreifen.

Sonne im Krebs und Mond in der Jungfrau

Zwar ist diese Konstellation ein wenig passiv und neigt zu Ängstlichkeit, sie kann aber durchaus vorteilhaft sein, wenn sich die Überempfindlichkeit der Sonne nicht durch das Bedürfnis des Mondes nach Logik und Strenge beeinträchtigen, einsperren und unfruchtbar machen läßt. Die Jungfrau liebt die Genauigkeit, der Krebs sucht die Sicherheit – daraus resultiert eine nicht leicht zu beruhigende Gewissenhaftigkeit. Die Persönlichkeit haftet an der Vergangenheit und will sich von den eigenen chaotischen Gefühlen nicht überraschen lassen. Durch dieses Streben nach Ordnung und Sicherheit wird man leicht intolerant. Die Geborenen legen oft eine erbarmungslose Logik an den Tag, um herauszufinden, was sie wollen. Alles muß organisiert, geplant, kritisiert und in kleine Teile zerlegt werden. Die eher schwach ausgeprägten und unbestimmten Begabungen dieser nicht sehr auffallenden aber verläßlichen Kombination können ein berufliches Tätigkeitsfeld in der Vergangenheitsbewältigung finden. Der Intellekt ist hier stärker als die Gefühle und hilft manchmal, die Angst vor der eigenen Unzulänglichkeit, die übertriebene Bescheidenheit, das Verhaftetsein in der Familie und die Abhängigkeit von anderen zu lindern.

Der Mann sucht eine Frau, die ihm konkrete Hilfestellung leistet, mit der er geistige Verwandtschaft, Interessen und vielleicht auch seine Sorgen teilen kann. Aufgrund seiner leicht masochistischen Tendenz wird er manchmal von unsensiblen Partnerinnen verletzt. Moralische Skrupel können vor allem bei den Frauen zu Blockierungen führen – sie sind sich ihres eigenen Wertes nicht sicher und stehen ihrer mütterlichen, empfindsamen Seite ambivalent gegenüber. Häufig wählen sie den Weg der Logik und pflegen ein Nützlichkeitsdenken, auch wenn dies nie so ganz mit den sonnenbestimmten Idealen in Einklang kommt.

Sonne im Krebs und Mond in der Waage

Dies ist eine harmonische Konstellation: zärtlich, üppig, blumig, auch ein wenig übertrieben und manchmal etwas süßlich, kann man geradezu in Samt und Seide versinken, besitzt aber einen sicheren und raffinierten Sinn für Ästhetik. Diese Menschen sind von lebhaftem Temperament; denn ihr inneres Gleichgewicht wird ständig gestört. Die Emotionen unternehmen blitzschnell den entscheidenden Schritt und die Impulse gewinnen immer die Oberhand.

Probleme verschiebt man am besten auf den nächsten Tag, es sei denn sie werden entweder phantasievoll ausgeschmückt oder in übertriebener Anteilnahme angegangen. Diese Persönlichkeit zieht sanftes und diplomatisches Vorgehen jeder gewaltsamen Handlung vor, ist aber immer eher dem Handeln als der Überlegung zugeneigt. Die Freude am Schönen und an stilvoller Umgebung führt die Horoskopeigner zu einer ausgeprägten Anpassungsfähigkeit an Menschen und Situationen. Es sind außergewöhnlich starke kreative und künstlerische Talente vorhanden, ebenso auch Fähigkeiten im Umgang mit Menschen und für eine Beratungstätigkeit. Diese Verbindung von Sonne und Mond ist nicht sehr ehrgeizig veranlagt, sie ist jedoch in allem, was Beziehungen zu Menschen ausmacht, vom Glück begünstigt – sei es in der Familie, bei den Eltern, auf dem Gebiet des Lehrens oder der Ästhetik.

Das Gefühlsleben ist gezeichnet von plötzlichen launischen Gewittern, überstürzten Entscheidungen, Widersprüchen und Sehnsüchten. Die Annäherung an den anderen erfolgt ganz natürlich, ohne Hemmung und Abwehr, aber auch ohne Beharrlichkeit oder Überlegung. Die Frauen sind mütterlich und ausgleichend. Sie passen sich leicht jedem an, der ausreichend viel Sinn für Romantik besitzt und ihre unvermittelten Impulse toleriert. Männer mit dieser romantisch gefärbten Konstellation sind sehr sensibel und verständnisvoll und wissen weibliche Eigenschaften zu schätzen. Sie suchen eine anhängliche und feinsinnige Ästhetin, die sie unterstützen und ihnen folgen kann.

Sonne im Krebs und Mond im Skorpion

Diese Verbindung erwirkt im Gefühlsbereich große Undisziplíniertheit, die manchmal geradezu dramatischen Charakter annehmen kann. Zwar fehlt das innere Gleichgewicht nicht, doch scheint es vom Horoskopeigner nicht immer erwünscht zu sein. Die Anziehungskraft der Geborenen ist unwiderstehlich. Die dem Zeichen Krebs eigene Suche nach dem häuslichen Frieden ist vorhanden, sie wird aber durch einen triebhaften Mond beeinträchtigt, der sich nur in seinen eigenen Widersprüchen, Verblendungen und seinem Bedürfnis nach Intensität lebendig fühlt. Den Gefühlen muß man freien Lauf lassen können, ohne daß man dadurch Verletzungen erleidet oder diese anderen zufügt. Die Geborenen sind oft in melancholischen Stimmungen gefangen und neigen zu Heimlichtuerei. Kommunizieren und sich zum Ausdruck zu bringen, gehört zu den höchsten persönlichen Werten.

Der innere Frieden wird durch das Verlangen nach Abenteuern und die Sehnsucht nach Erneuerung beeinträchtigt. Der Skorpionmond ordnet sich nicht so leicht unter wie die Sonne im Krebs. Die Tendenz, die Vergangenheit zu vergessen, trifft auf Widerstand oder wird durch Prinzipien neu gestaltet. Dennoch bleibt eine gewisse Neigung erhalten, sich mit den Dingen abzufinden oder sich zögernd zu verhalten.

Es mangelt dem Betreffenden nicht an der Fähigkeit, die Dinge zu durchschauen oder die menschlichen Situationen zu empfinden. Die Krebssonne verfügt über eine intensivere Aktivität, weil die vom Mond eingebrachte Energie des Skorpions es ermöglicht, konkretere Ziele anzustreben. Es bleibt aber immer ein Widerspruch zwischen dem Bedürfnis, zu entdecken und zu ergründen, und der Notwendigkeit, sich mit Engagement und Hilfsbereitschaft zu bewegen.

Gefühle werden intensiv erlebt und tragen häufig ein Element von Opferwille, Hingabe und Rückzug in die Vergangenheit mit sich. Männer suchen eine erotische und kämpferische Frau, welcher sie gerne die Initiative überlassen. Frauen sind sehr gefühlsstark, geben sich gerne geheimnisvoll und ziehen den Partner in ihren Bann.

Sonne im Krebs und Mond im Schützen

Eine Krebssonne verknüpft mit einem Mond im Schützen ist nicht gerade eine erholsame Konstellation im Horoskop: sie kombiniert eine ruheliebende Sonne mit einem Feuerwerk ethischer und manchmal illusorischer Ideale, die zu ständiger Bewegung drängen. Die Sonne kann sich an Inspiration und Überzeugungskraft bereichert fühlen, die Bestrebungen des Schützen können sie aber auch übermäßig beunruhigen. Das Schlüsselwort lautet »sich bessern«. Die Sonne sucht die Schlichtheit, der Mond dagegen die edle, großzügige Geste und auf der Ebene von Offenheit, Optimismus und Großzügigkeit können sich beide Planeten treffen. Die Freude an einem angenehmen Leben übt eine magnetische Anziehungskraft aus, aber das seelische Reflexionsvermögen des Mondes drängt auch zum Philosophieren, während die Sonne sich damit zufriedengeben würde, die Welt in ihrem unmittelbaren und natürlichen Wert zu akzeptieren, und sich dabei doch ein religiöses Sehnen zu bewahren. Der Pfeil des Schützen ist voller Zuversicht nach vorne gerichtet, während der Krebs mit seinem trägen Gang sich lieber der Vergangenheit zuwendet. Die kosmisch erzwungene Gemeinschaft der beiden unterschiedlichen Sichtweisen und planetaren Qualitäten kann zu Konflikten führen, die durch die Unbefangenheit noch verschärft werden können. Gefühl und Leidenschaft bilden nämlich eine explosive Mischung auf der Suche nach dem Abenteuer.

Männer suchen eine mütterliche Frau mit hohen Idealen, die unendlich viel zu geben bereit ist. Die sensiblen und offenen Frauen mit dieser Konstellation suchen nach einem Mann, der ihre Willensstärke zu schätzen und ihre oft seltsamen Launen oder ihr Bedürfnis nach dem Exotischen akzeptieren kann. In manchen Fällen, wenn das Zeichen des Krebses stärker gelebt wird, kann diese Konstellation aber auch eine leicht beeinflußbare Kindfrau hervorbringen.

Sonne im Krebs und Mond im Steinbock

Die Sonne im Krebs repräsentiert das Bedürfnis nach einer Rückkehr zur Urmutter mit Hilfe von Träumen und Märchen, sie steht für die Sehnsucht nach dem goldenen Zeitalter, dem verlorenen Paradies, das noch immer lockt. Hier nun wird dieser Ruf besonders stark vernommen, weil die beiden Lichte in Tierkreiszeichen stehen, die sich in Opposition zueinander befinden, wodurch diese Tendenz verstärkt wird. Beide Prinzipien versuchen (durch den Mond im Steinbock, der sehr auf Abstand bedacht ist), ein Gegengewicht oder einen Ausgleich zu schaffen, um die mütterlichen Wasser zu verlassen und sich auf die Gipfel der Autonomie zu erheben. Diese Konstellation ist nicht einfach zu leben, denn die Sonne im Krebs verfügt nicht über die Mittel, um den Mond im Steinbock zufriedenzustellen, da dieser sich in äußeren Aufgaben verwirklichen möchte, um damit das Gefühl eines inneren Mangels auszugleichen. Was fehlt, ist der ruhige, geschützte kleine Bereich; eine Leere, die in der Kindheit nicht gefüllt worden ist. Zwar kann das Bedürfnis nach Ruhe diesen Menschen sehr lange nähren, doch irgendwann wird die Sehnsucht wieder die Oberhand gewinnen. Das Unabhängigkeitsstreben – aber auch der Ehrgeiz oder der Drang, sich zu verwirklichen – können die Geborenen sogar dazu treiben, über die eigenen Kräfte zu leben.

Es wird hier immer einen inneren Widerspruch geben zwischen dem eher gefühlsarmen Wesen des Mondes, das sich politischen Zielen oder anderen Sublimationen zuwendet, und einer friedliebenden Sonne, welche die Phantasie im Leben pflegt. Werden die Forderungen allzu stark, können sie zum Konflikt ausarten und zu großen Selbstzweifeln führen. Es kann aber auch zu einer Verbindung der beiden Prinzipien in Form einer verstärkten Introversion kommen, und zwar vor allem in der zweiten Lebenshälfte, wenn die Bedürfnisse des Mondes bereits ihre Wirkung ausgeübt haben und das Verlangen nach Stille wieder zum Vorschein kommt.

Die Gefühle müssen kontrolliert werden: Männer suchen meist eine engagierte, bescheidene Frau, die sie wie eine Mutter unterstützen kann oder auch antreiben soll, aber dabei nicht einengend und erstickend wirken darf. Für die Frauen ist der eigene gesellschaftliche Erfolg sehr wichtig. Sie schwanken oft zwischen dem Bedürfnis, Mutter zu sein, und der Sehnsucht nach Freiheit und Engagement. Sie brauchen einen starken Partner, der ihnen etwas Greifbares geben kann und ihnen hilft, das Hin- und Herpendeln zwischen gesellschaftlichem und privaten Leben zu bewältigen.

Sonne im Krebs und Mond im Wassermann

Der Mond löst sich vom Materiellen und öffnet sich weiten Horizonten, er behält aber soziale, humanitäre und kollektive Probleme stets im Auge und verfügt oft über eine Begabung für helfende Tätigkeiten. Er meidet jedoch tiefe Gefühle – diese werden vielmehr verwandelt, verändert oder »erhöht«.

Diese Geborenen sind gekennzeichnet durch eine zukunftsorientierte Phantasie, in der sich das unabhängige, aber instabile und vielseitige Wesen des Mondes gut mit der Sonne verbindet. Ein präzises, gleichbleibendes und dynamisches Handeln ist hier aber kaum möglich, denn alles befindet sich immer im Embryonalstadium: es ist eine Konstellation der Irrlichter, der flüchtigen Notizen, der Korrekturen und Streichungen. In dieser Verbindung zwischen den Wassern der Vergangenheit und den tiefen Räumen der Zukunft kann der Charakter leicht ins Schwanken geraten.

Der Sinn für Freundschaft wird noch durch das starke Vertrauen verstärkt. Das Blei des Instinkts wird leicht und verwandelt sich in Gold – in das Gold der Träume und Pläne, in die Substanz dessen, was potentiell im Samen vorhanden ist. Es ist ein starkes Bedürfnis nach Selbstverwirklichung vorhanden, und danach, die eigenen Ideen zu verbreiten und mit anderen zu teilen, oder die bereits vorhandenen Ideale zu verbessern.

Die Liebe ist bei dieser planetaren Verknüpfung körperlos. Für die Frau bedeutet ihr unabhängiges Denken und Handeln, daß sie neben ihrer Mutterrolle auch das Recht auf ihre eigene Entwicklung in der Gesellschaft berücksichtigen muß. Der Konflikt zwischen Mutterpflicht und Selbstverwirklichung ist deutlich. Der Mann sucht eine eher intellektuelle Partnerin, die ihm mehr Kameradin als Geliebte ist. Die Frau hingegen braucht einen Gefährten, der ihr hilft, ihre Träume und Sehnsüchte wahrzunehmen und zu deuten.

Sonne im Krebs und Mond in den Fischen

Mit dieser Konstellation aus den Wassern der Quelle und den tiefen Abgründen betreten wir die abgeschlossene Welt der Innerlichkeit: hier kann das Leben ein Traum sein, und der Traum eine Tür, hinter der sich andere Wahrnehmungen, andere Existenzebenen und andere Wirklichkeiten befinden. Romantische und mystische Neigungen werden hier bis ins Maßlose getrieben – der Geborene lebt in einem Reich der Phantasie. Die Unendlichkeit erfüllt den Horoskopeigner mit einer Sturzflut von Empfindungen, die quälend sein können und ihn zwingen, gewissermaßen in reißendem Hochwasser zu schwimmen, sich innerlich berühren zu lassen und sich einzufühlen, bis er schließlich vergißt zu handeln.

Menschen diesen Charakters können empfänglich sein für humanitäre und religiöse Ideale, allerdings auf eine etwas unklare und verschwommene Weise. Empfindsamkeit und Intuition sind stark ausgeprägte Fähigkeiten, es stellt sich für den Betreffenden jedoch das Problem, wie er diese Begabungen praktisch nutzen kann. Die vernunftbetonte Welt des Tagesgeschehens dient nämlich nur als Stütze und Thron für die Sphäre der Nacht, jenes Reich, in dem er sich zu bewegen versteht, jenes Schiff, mit dem die Seele in See stechen und dem Gefängnis des Alltags entfliehen kann. Leider wird dieser Zustand der Dämmerung jedoch häufig als solcher akzeptiert und es mangelt dem Geborenen dann an Initiative.

Familiärer Frieden ist diesen Horoskopeignern sehr wichtig, denn er läßt ihnen das in goldenem Lichte schimmernde Paradies der Kindheit wiedererstehen. Romantische Sehnsucht und der Wunsch nach Verschmelzung mit dem Partner beherrscht das Liebesleben. Beide Geschlechter sind sehr verletzlich und suchen empfindsame und einfühlsame Partner. Das eigene Universum an Freundschaften entsteht vor allem mit Hilfe der Zärtlichkeit als wesentlichem Instrument.

Sonne im Löwen

Sonne im Löwen und Mond im Widder

Schöpferkraft und gefühlsbetonter Wille, ein ausgeprägter Individualismus, große Freiheitsliebe und ein gewisses Maß an Egozentrik kennzeichnet diese Geborenen. Die Selbstliebe läßt sich jedoch in den Dienst der Wahrheit, einer Idee oder einer Überzeugung stellen. Der Enthusiasmus und das ungeduldige Bemühen, die äußeren Umstände zu verändern und zu beeinflussen, führen häufig dazu, daß Menschen mit dieser Konstellation eine wichtige Rolle im öffentlichen Leben spielen werden. Sie eignen sich gut für leitende Positionen und streben auch nach solchen. Ein gewisses Maß an Auflehnung und Reformbestreben sind jedoch immer mit von der Partie, oder aber das Bedürfnis, auf künstlerische Weise eine völlig neue Werteskala zu schaffen.

Die Fähigkeit zu intellektuellem Verständnis ist groß, die Sensibilität ist dagegen nicht so ausgeprägt. Es kommt bei diesen Geborenen zu leidenschaftlichen Gemütsbewegungen, auch eine gewisse Großzügigkeit ist zu spüren, doch häufig werden die feinen Nuancen nicht verstanden oder man weigert sich, überhaupt zuzuhören. Das starke Bedürfnis zu geben wird von Idealismus und von einer gewissen Ungeduld bestimmt.

Gefühle sind wie glühende Lava, die alles auf ihrer Talfahrt verbrennt. Das Gemüt gerät leicht in Erregung, auf ganz direkte, ursprüngliche und meistens gar nicht überlegte Weise. Im Guten wie im Bösen kann dies weit führen, doch handelt es sich hierbei um Leidenschaft und nicht im geringsten um Romantik. Der Mann sucht eine lebhafte, herausfordernde Frau, die er seiner Männlichkeit unterwerfen will. Die Frau ist bemüht, zu gefallen und verfügt über einen gewissen »Jagdtrieb«. Wenn sie die große Liebe gefunden hat und *dem* Menschen begegnet, ist sie treu, andernfalls treibt ihr inneres Feuer sie umher oder sie läßt sich in der Wahl ihrer Partner von berechnenden Überlegungen leiten.

Sonne im Löwen und Mond im Stier

Beide Zeichen sind fixiert, hartnäckig, kaum formbar und es verbindet sie das Bedürfnis, für die eigene Person, den persönlichen sozialen Aufstieg und das eigene Prestige zu arbeiten. Die anderen Menschen finden in den Überlegungen keine übermäßige Beachtung, denn mit dieser Konstellation ist der Charakter zu unbeweglich und zu sehr von Eigensinn erfüllt. Die Horoskopeigner sind meist hart im Geben und Nehmen, aber auch zu größter Leidenschaft fähig. Wenn schon Romantik empfunden wird, dann in übertriebenem Maße. Die Geborenen verfügen über eine gewisse faszinierende Ausstrahlung, die ihnen in Freundschaften von Nutzen ist und sie hegen lebhafte und hautnahe Sehnsüchte.

Trotz allem äußerem Anschein ist auch eine Spur von Introvertiertheit und Nachdenklichkeit vorhanden, ein stolzes und hartnäckiges Verharren im eigenen Elfenbeinturm. Man errichtet sich ein abstraktes Universum, in dem man sich immer wieder der Vergangenheit zuwendet und diese für das Jetzt fruchtbar macht. Manchmal besteht eine Unsicherheit über Ziele und Methoden, wenn auch in der Regel ein direktes und einfaches Verhalten überwiegt. Sowohl die Sonne wie auch der Mond stehen in starker Position, kämpfen zuweilen miteinander und schaffen dadurch eine innere Disharmonie. Dann wird es für den Betreffenden schwierig, die eigenen Grenzen deutlich wahrzunehmen. Die beiden Gestirne stellen dem Menschen andererseits aber auch beachtliche Energie zur Verfügung.

In der Liebe zeichnen sich die Horoskopeigner durch Großzügigkeit und eine schwerfällige, aber intensive Leidenschaftlichkeit aus; sie sind beständig, treu und zuverlässig, aber in ihrem Stolz leicht verletzbar und geben höchst ungern als erste nach. Der Mann sucht eine Partnerin, die in ihm das wichtige und einzigartige Wesen sieht, die fleißig, wohlwollend und hilfsbereit ist und sich ermutigend und unterstützend verhalten kann. Bei der Frau bewirkt diese Konstellation meist folgende Eigenschaften: sie ist günstig für die Entwicklung ausgeprägter Weiblichkeit, bringt große Entschlossenheit und neigt manchmal ein wenig zum Geltungsdrang. Der Wunschpartner soll ihr vor allem solche Dinge geben, die fühlbar oder greifbar sind, wie etwa Wohlstand, Treue und Traditionsbewußtsein.

Sonne im Löwen und Mond in den Zwillingen

Die Gestaltungskraft verbindet sich mit einem lebhaften Gefühlsausdruck und ergibt eine Konstellation von offenem und überzeugendem Charakter. Das Bedürfnis zu glänzen bietet den Anreiz zur Kommunikation, während geistige Beweglichkeit und eine ruhelose Phantasie den Horoskopeigner dazu drängen, Dinge künstlerisch zu bearbeiten, ihnen literarisch oder plastisch Form zu verleihen. Dem entspräche am ehesten das Berufsbild des brillanten, wißbegierigen Journalisten, des Schriftstellers, des Komikers oder eines Spezialisten für »Public Relations«. Die Freude am Spiel mit geistigen Inhalten verbindet sich mit einer gewissen theatralischen »Ader«. Der Mond steht in einem nervösen, fluktuierenden und schlecht faßbaren Zeichen, das vor allem die Eigenschaften des Verstandes hervortreten läßt. Die Betonung der Verstandesseite, verknüpft mit unbekümmerter Theatralik, lassen diese Geborenen entweder als warmherzig aber souverän erscheinen, oder aber in ständiger Erregung – beherrscht von dem Bedürfnis, sich zu bewegen und zu zeigen. Diese Menschen stehen ständig auf der Bühne des Lebens, egal ob sie dabei ernst oder lustig sind, sie sind immer bereit, eine Gelegenheit zu nutzen, um sich menschliche oder gesellschaftliche Bedeutung und Anerkennung zu verschaffen. Optimismus gehört zu dieser Konstellation, allerdings fehlt dabei die Beständigkeit und Ausdauer. Die Sonne im Löwen kann bei diesen Geborenen auf zwei Ebenen existieren: auf einer ideellen und auf einer eher dionysischen. Letztere verführt sie dazu, ewig jugendlich zu bleiben, sich nicht festzulegen und immer Abwechslung zu suchen. Dieser Versuchung dürfte die Sonne aber nicht allzu lange erliegen.

Auch das Gefühlsleben ist nicht sehr stabil, es folgt vielmehr einem unaufhörlich sich wandelnden Kaleidoskop eher flüchtiger Leidenschaften. Menschen mit dieser Kombination wollen gefallen und dies führt zu einem Verhalten, das zum Teil unwiderstehlich und anziehend, auf andere aber auch abstoßend wirken kann. Der Mann dieses Typs sucht eine junge, unterhaltsame, frische und wandlungsfähige Frau, die sich nicht auf Machtkonflikte einläßt. Die Frau wünscht vor allem Bewunderung; sie kann Opportunistin sein und sich in jeder fröhlichen und freudigen Geste kontrollieren, um ein bestimmtes Ziel zu erreichen. Dabei beobachtet sie sich selbst mit einer gewissen Distanz. Man benötigt große Leidenschaft, viel Energie, aber auch Intelligenz und Humor, um sie gefangennehmen zu können. Entweder gelingt es einem dann, sie fest an sich zu binden, oder man muß sich damit abfinden, daß sie sich nicht emotional festlegen läßt.

Sonne im Löwen und Mond im Krebs

In dieser Konstellation ist sowohl die phantasievolle wie auch die verstandesbetonte Seite ausgeprägt und beide versuchen, eine bestimmte Ansicht oder ein Verhalten durchzusetzen. Der Mond wendet sich nach innen, dem träumerischen und nostalgischen Element zu. Die Sonne fordert die Achtung der sozialen Wirklichkeit, welche die Voraussetzung für das eigene Erscheinen und Wachstum darstellt.

Es wird jedoch zum Problem, daß ein Teil des Selbst nicht wachsen will, damit die imaginären Schätze, die die Kindheit mit ihrer Fähigkeit zum Staunen in sich zu bergen schien, nicht aufgegeben werden müssen. Die Sonne wird früher oder später siegen, doch ist ihre Handlungsfähigkeit zunächst einmal eingeschränkt durch das Bedürfnis nach häuslicher Sicherheit und Ruhe und durch die Furcht vor Verantwortung.

Diese Kombination erweist sich als äußerst günstig im künstlerischen Bereich, weil sie schöpferische Phantasie mit guter Ausdrucksfähigkeit und persönlicher Ausstrahlungskraft verbindet. Ergänzt wird dies durch die Fähigkeit, das noch Gestaltlose in eine vollendete Form zu bringen. Auch Pädagogik und lehrende Tätigkeiten sind hier potentiell gut angelegt.

Es besteht eine starke Gefühlsspannung zwischen der mond- und der sonnenbetonten Wesensseite: die Sonne bemüht sich, Licht in einen nebulosen und nur undeutlich umrissenen Bereich zu senden. Eine narzißtische Komponente erschwert es dem Horoskopeigner, den anderen (oder das Objekt) als das zu sehen, was er wirklich ist, d.h. jener bleibt somit häufig ein flüchtiger Schatten. Der Geborene beschäftigt sich oft allzu sehr mit sich selbst und will im Brennpunkt der Aufmerksamkeit stehen. Das ausgeprägte Ich versucht, sich zu verwirklichen und zu profilieren, doch im Grunde genommen geschieht dies auch aus dem Bedürfnis heraus, sich zu schützen und noch die kleinste heimliche Schwäche auszugleichen. Der Wunsch nach Verwandlung und Befreiung hat sehr subjektiven und einseitigen Charakter.

Der Mann fühlt sich zu umsorgenden, sanften und empfindsamen Frauen hingezogen, die er auch ein wenig tyrannisieren kann. Die Frau mit dieser Planetenverbindung sucht vielleicht jemand, den sie beherrschen oder mit Aufmerksamkeiten überschütten kann, doch wenn die Integration des Mutter-Archetyps nicht gelungen ist, besteht die Möglichkeit, daß sie eine Kindfrau bleibt, die ständig nach Zuwendung verlangt. Die Konstellation ist aber auch reich an Gefühl und Leidenschaft und kann sehr sinnlich veranlagt sein.

Sonne im Löwen und Mond im Löwen

Die Sonne versendet hier großzügig ihre Strahlen, sie zeigt sich und versucht, ein moralisch bewundernswertes Bild oder ein Ideal auszudrücken. Der Mond mit seiner gefühlsmäßigen Gestaltungskraft reflektiert diese überschäumende Energie, er nimmt viel Wärme auf und muß dabei sein eigentliches Wesen, eben ein kühles Nachtgestirn zu sein, vergessen. Stattdessen muß er sich mit erhitzter Phantasie bekleiden. Gedanken erscheinen in Riesenlettern und werden auf gigantische Bildschirme projiziert. Das Übermaß an innerem Feuer verleiht Begabung zum Handeln und Befehlen, läßt es aber an Elastizität und an der Fähigkeit zu Selbstkritik mangeln.

Diese Konstellation ist ausgesprochen unempfindlich und dabei auf eine unbewußte Weise großzügig. Unabhängigkeit kann einhergehen mit Ichbezogenheit, aber auch mit dem deutlichen Bewußtsein der persönlichen Einzigartigkeit. Die enorme Vitalität verlangt danach, sich in der Tat auszuleben, welche sozial bezogene Ziele haben kann (Unterricht, helfende Berufe), oder schauspielerisch ausgerichtet ist (Theater, Film).

Autorität ist der – positive oder negative – Grundstein dieser Konstellation. Es ist ein starkes Bedürfnis nach Bewunderung vorhanden, doch sind die Horoskopeigner anderseits auch fähig, zu geben, und zwar in einer für sonnenbetonte Menschen typischen Weise, nämlich umfassend und moralisch einwandfrei. Man kann hier zwei Typen unterscheiden, den apollonischen Idealisten und den Helden herkulinischer Prägung. Beide sind leidenschaftlich, absolutistisch und empfindlich: die Vergangenheit wird zugunsten eines sehr persönlichen und originellen schöpferischen Impulses vergessen.

Männer diesen Typs suchen eine ihrer würdige, auffallende, großzügige und aktive Partnerin, die sie wie ein Juwel zur Schau stellen können. Die Frauen sind häufig ein wenig exhibitionistisch veranlagt, tendenziell ehrgeizig und möchten Karriere machen. Sie werden nicht zögern, ihrem Partner den Fuß in den Nacken zu setzen, ihn zu manipulieren – auch wenn es angeblich zu seinem Besten ist. Bei beiden Geschlechtern vermischt sich Edelmut mit Eitelkeit und Arroganz, was sie nicht immer beliebt macht. Ihr Stolz ist leicht verwundbar, und der verletzte Löwe zieht sich dann in seine Höhle zurück, um sich über die Niedertracht der Welt zu empören. Es fehlt ihm an Demut, doch er bleibt unbelehrbar: ein zu lebhaftes Feuer brennt in ihm, und wie für jeden ausgeprägten Löwencharakter ist es sein eigentlicher Wunsch, wie die Sonne zu erstrahlen, nicht nur um seiner selbst willen, sondern auch um Leben zu spenden ...

Sonne im Löwen und Mond in der Jungfrau

Der Mond vereint Gefühl mit Sorgfalt und so sind hier Denken und Logik stark betont. Der Ehrgeiz des Löwen steht im Dienst der Fähigkeit, Dinge genau zu sehen und zu planen, und dabei selbst immer distanziert und bei klarem Verstand zu bleiben. Strenge und der Anspruch moralischer Reinheit bilden einen wenig nachgiebigen Charakter, der kritisch und gewissenhaft ist und zur Besorgtheit neigt. Er hegt hohe Ideale, die der Gerechtigkeit dienen und im täglichen Leben Vollkommenheit schaffen sollen. Menschen dieses Typs können in ihrer Unbeweglichkeit abweisend, stolz und unerreichbar wirken, fürchten aber in Wirklichkeit, lächerlich zu erscheinen. Es handelt sich um eine Mischung aus Minderwertigkeitskomplex und Überlegenheitsgefühl. Das Erfolgsstreben kann helfen, die innere Unsicherheit zu kontrollieren; Strenge und Schamgefühl mindern häufig die im Löwen eher stark ausgeprägte Leidenschaftlichkeit. Die extrovertierte Grundveranlagung dieses Zeichens wird vermindert und erstarrt, sie wird selektiv und konzentriert sich auf ein bestimmtes Ziel. Durch Verantwortungsgefühl und den Einsatz der ganzen Arbeitskraft im Dienste eines Ideals kann daraus der Typ des korrekten Beamten, des treuen Mitarbeiters, des Wissenschaftlers und Denkers werden.

Auf der Gefühlsebene liegen die Dinge eher kompliziert: wir scheinen es mit einem Drachen zu tun zu haben, der sich in die Lüfte zu erheben versucht, dem es dabei aber an Wind mangelt; die Gedanken versperren dem Herzen die Tür, dieses muß sich seinen eigenen Traum von der Liebe erschaffen und dabei den strengen Standards des Schamgefühls oder des Kalküls Rechnung tragen – oder aber eine unbarmherzige Selbstanalyse betreiben.

Auch bei den Frauen wird der Geltungsdrang des Löwen in Frage gestellt, und sie sind zu größerer Ernsthaftigkeit aufgerufen. Eine gewisse Lebensangst kann die Entfaltung der Weiblichkeit behindern, die häufig zu Opferhaltung und Hingabe neigt oder diese aus kühlem Opportunismus betreibt. Die Männer fühlen sich zu Frauen hingezogen, in denen sie jene moralischen und rationalen Werte wiederfinden, die sie selbst zwar behindern, ihnen aber das Gefühl vermitteln, auf der richtigen Seite zu stehen. Wird ein angestrebtes Ziel auch von der Vernunft gut geheißen, kann die Opferbereitschaft ein beträchtliches Ausmaß erreichen.

Sonne im Löwen und Mond in der Waage

In dieser Konstellation sind Form, Eleganz, Taktgefühl, Diplomatie und eine akkurate Gestik von großer Bedeutung. Das Bedürfnis, hervorzutreten, entsteht durch das Bestreben, aus der Masse herauszuragen. Es handelt sich um snobistische Anwandlungen, doch entwachsen diese aus einem wirklich schönen, harmonischen, außergewöhnlichen Wesen, das faszinierend wirkt und leicht Kontakt zu anderen Menschen findet.

Die Fähigkeit, die Wirklichkeit der anderen zu erfassen und sich dieser anzupassen, ist hier wesentlich stärker ausgeprägt, da die Sonne im Zeichen des Löwen von einem feinfühligen und diplomatischen Mond beeinflußt wird. Es sind auch Talente im Bereich der Schauspielerei und für organisatorische Aufgaben vorhanden. Das Bedürfnis nach Freundschaft ist außergewöhnlich stark. Weitere typische Wesenszüge sind Mitleid und der brennende Wunsch, alles Düstere, Elende und Abnormale aus der Welt zu schaffen. Es besteht ein klarer, manchmal etwas förmlicher Moralbegriff. Menschen mit dieser Konstellation wollen verführen, um jeden Preis gefallen, und für ihre intellektuellen Anstrengungen die entsprechende Wertschätzung erhalten.

Vor allem bei Frauen steht das Bedürfnis nach Bewunderung im Mittelpunkt ihres Gefühlslebens. Der Reiz und die Ausstrahlung einer solchen Persönlichkeit ist nicht zu bestreiten. Bei Männern wirkt dies zuweilen zwar etwas geziert, bei Frauen dagegen häufig wirklich elektrisierend. In der Partnerschaft kommt neben Stolz auch eine gute Anpassungsfähigkeit zum Tragen und wenn es wirklich nötig ist, ist die Bereitschaft zum Nachgeben groß.

Beide Geschlechter suchen einen Partner, der bereit ist, sie gleichsam auf einen Sockel zu heben und an ihnen Geschmack, Eleganz und Form zu bewundern. Dieses romantische und idealistische, häufig auch verschwenderische Temperament liebt Vergnügen, Festlichkeiten, Schauspiel, Empfänge, Flirts und Koketterie.

Sonne im Löwen und Mond im Skorpion

Unter der Sonne im Löwen richten sich alle Interessen auf die eigene Person. Das Bedürfnis, sein Licht zu versenden, steht im Dienste von Stolz, Ehrgeiz, Eitelkeit und Karriere. Es wird beträchtliche Energie aufgewendet, um jene Ideale zu verfolgen, auf die das Licht der Sonne fällt. Dabei bleiben die dunklen Ecken der Persönlichkeit oft vergessen, und gerade deren Einzelheiten könnten wichtig sein. Mond im Skorpion sorgt hier für den richtigen Ausgleich, denn er sucht gerade die verborgenen Seiten, die tiefe Innerlichkeit, das Besondere und Zweideutige. Diese beiden Zeichen harmonieren nicht gut miteinander, und wir können annehmen, daß es zwischen den idealen und selbstsicheren Bildern der Sonne und den Bedürfnisse des intensiven, forschenden und unruhigen Mondes zu Konflikten kommen wird.

Manchmal tritt eine gewisse Arroganz zum Vorschein, ein fordernder und zugleich leicht verletzlicher Stolz, in dem auch ein unterschwelliges Bedürfnis vorhanden ist, sein Leben hinzugeben. Dabei handelt es sich um eine Form der Hingabe, die sich auch ins Gegenteil verkehren kann und damit aggressiv und fordernd wirkt. Der Horoskopeigner weiß zwar, was er will, aber dafür ist das Wissen um die eigenen Grenzen oft ungenau: die Sonne resigniert nicht, sie will immer so viel wie möglich, und sie will ihre Erwartungen nicht einschränken lassen.

Diese Konstellation hinterläßt, unabhängig vom jeweiligen Geschlecht, einen männlichen Eindruck. Die Geborenen haben eine Ausstrahlung und wirken sympathisch, auch wenn sie grausame Waffen verbergen. Der Mond im Skorpion sieht sich nämlich genötigt, um der Selbsterhaltung willen leidenschaftlich, exzessiv, aggressiv und impulsiv zu sein und dabei Entscheidungen schnell und abrupt zu treffen. Das Zeichen Löwe sucht die Kräfte nicht außerhalb seiner selbst, denn es besitzt alle Mittel zur Eroberung, doch kann es ebenfalls übertreiben und sich gegen seinen Willen mitreißen lassen.

Werden die leuchtenden Ideale enttäuscht, so kann man im Dunkel Zuflucht finden und sich im Exzeß der Sinne ergötzen (außer man sublimiert im religiösen oder philanthropischen Bereich).

Oder man gerät in Widersprüche und schwankt ständig in der Unsicherheit zwischen Idealen und den Bedürfnissen des Ich. Moral ist bei dieser Konstellation immer ein Schlüsselelement.

Frauen sind häufig anspruchsvoll und veräußerlicht, sie wollen als etwas Kostbares betrachtet werden, das ständige Aufmerksamkeit und Bewunderung verdient. Sie glauben überhaupt nicht an eine Überlegenheit des männlichen Geschlechtes. Darum suchen sie einen ergebenen Partner von komplexer Charakterstruktur. Männer wünschen sich eine auffallende, geheimnisumwobene Frau, die es sich zu erobern lohnt, und die andererseits ebenso eindeutiges Interesse an ihnen bekundet.

Sonne im Löwen und Mond im Schützen

In dieser Konstellation verbindet sich das für den Löwen typische Bedürfnis, hervorzutreten, mit dem Gerechtigkeitssinn und den gesunden Vorsätzen des Mondes im Schützen. Diese Verbindung erweist sich als sehr kreativ, abenteuerlustig, voller Leichtigkeit und vom Glück begünstigt durch ihren Wagemut und die strikte Bejahung des eigenen Schicksals (»Hilf dir selbst, dann hilft dir Gott«). Die Horoskopeigner sind von erregbarem Temperament; sie haben wenig Interesse an Einzelheiten und bevorzugen eher die Gesamtsicht. Durch ihr Vertrauen in das Leben verwirklichen sie sich auf reife, ganzheitliche, farbenreiche Weise. Sie glauben an das, was sie tun, und sind davon überzeugt, etwas Gutes und Wertvolles zu schaffen.

In der Nähe solcher Menschen verspürt man moralische Stärke und emotionale Wärme. Zu ihren Fehlern gehören Undiszipliniertheit, Ungeduld und Naivität. Sie können verschwenderisch sein bis zum Bankrott und müssen darauf achten, sich nicht mit Schmeichlern und Parasiten zu umgeben, denn sie sind für Selbsttäuschungen sehr empfänglich. Ihre Empfindungen sind weder ruhig noch zurückhaltend, denn wer in ihre Nähe kommt wird immer mit einer Woge von Wärme und Heiterkeit empfangen. Die Liebe ist edel, von sakralem Charakter, und sucht die legale Anerkennung. Die Hochzeit erträumt man sich als Ereignis in einer riesigen Kathedrale, in der die Glasfenster das Tageslicht dämpfen. Dazu gehört die Anwesenheit einer großen Menschenmenge, die sich der Bedeutung dieses Augenblicks bewußt ist. Und von der Hochzeitstafel wird man noch tagelang sprechen.

Bei dieser überschwenglichen Konstellation kann man nicht von Untreue sprechen, obwohl es sich um zwei Feuerzeichen handelt, die erregbar und heftig sind. Nichts Klägliches, Erbärmliches findet hier statt,: alles geschieht unter dem Licht der Sonne.

Sonne im Löwen und Mond im Steinbock

Die Sonne befindet sich in ihrem eigenen Zeichen und strahlt mit höchster Kraft, während der Mond sich im Exil im Steinbock befindet und ein eher trübes Licht verströmt. Das Sonnen-Ich ist geblendet von den Idealen, denen es folgt, und schreitet auf seinem ehrgeizigen Weg voran, ohne nachzugeben. Dabei wird sie von einem kühlen Mond unterstützt, der die für den gewünschten sozialen Aufstieg erforderlichen Tatsachen, Mittel und Wege mit Geduld analysiert.

Es handelt sich um ein gefühlsarmes, unflexibles und unnachgiebiges Temperament. Man kann vom Mond im Steinbock eigentlich nicht sagen, daß er kalt sei, eher schützt er sich vor möglichen Enttäuschungen und hält sich zurück. Wie in einer Festung bewahrt er früher erlebte Defizite im Gefühlsleben und »jemand zu werden«, sprich sich zu profilieren, kann für die Entbehrungen der Vergangenheit einen Ausgleich darstellen. Die Sonne im Löwen neigt zur Synthese, sie möchte daher etwas Einheitliches schaffen wie z.B. eine politische Idee, eine Philosophie, eine Einrichtung. Dabei kommt die Unnachgiebigkeit und die Planungsbegabung des Mondes zum Einsatz.

Die Sterne wissen hier, was sie wollen und wie sie es erreichen können. Dies muß jedoch nicht unabdingbar für das Gefühlsleben gelten, welches manchmal in den Hintergrund gedrängt und von den ehrgeizigen Bestrebungen erdrückt wird. Die Sonne im Löwen ist auch in der Liebe perfektionistisch, sie will immer das Beste, auch mit einer gewissen Arroganz. Der Steinbock-Mond kann ihr, aufgrund seiner geringeren Ausdrucksfähigkeit, nach außen mehr Nüchternheit verleihen, doch verlangt auch er, was er in der Kindheit nicht bekommen konnte: sehr viel Zuwendung.

Menschen mit dieser Sonne/Mond-Verbindung suchen einen ergebenen und ihnen ganz zugewandten Partner. Manchmal sind sie egozentrisch und blind für die Wirklichkeit des anderen. Diese etwas grobe Konstellation ist für Männer besser geeignet; sie wollen eine mütterliche Gefährtin, mit der man sich auch über Politik und Philosophie unterhalten kann. Die Frauen sind stolz und werden versuchen, den Partner zu beherrschen und ihn mit allen Kräften zum sozialen Erfolg zu bewegen.

Sonne im Löwen und Mond im Wassermann

Diese Kombination ist kreativ und sehr persönlich geprägt. Die Sonne verspürt ein Bedürfnis nach Selbstgenügsamkeit, lehnt aus diesem Grund allgemein übliche Ideen ab, isoliert sich in ihrem Individualismus oder gerät dadurch in Konflikt mit anderen: ihre eigene Ideologie muß um jeden Preis akzeptiert werden, so seltsam die Vorstellungen auch sein mögen, die Sonne muß damit glänzen können..

Es gibt aber auch kollektive Ziele oder menschliche Ideale, die mit Individualismus und Intoleranz verfolgt werden, manchmal auch auf ganz originelle und betont auffällige Weise. In der Spannung zwischen *»sich«* und *»den anderen«* besteht ein Gegensatz, ein unvermeidlicher aber leicht lösbarer Konflikt.

Manchmal behalten die egoistischen Bedürfnisse die Oberhand, doch nährt das Gewissen daneben das ehrliche Verlangen, einer Ethik, einem ideellen und moralischen Begriff zu gehorchen (der allerdings oft sehr individuell und nicht immer nachvollziehbar ist).

Das Gefühlsleben gestaltet sich durch den stolzen und hochmütigen Charakter nicht gerade einfach, denn die Horoskopeigner sind nicht immer bereit, im Zusammenleben mit dem Partner die nötigen Kompromisse zu schließen. Instinkte werden moralischen und ideellen Entscheidungen unterworfen, die sie erleuchten und erheben sollen. Das Ich ist häufig unsicher, ob es dem Gefühl oder der Vernunft folgen soll.

Frauen mit dieser Konstellation sind ethisch und sozial engagiert. Sind sie von Natur aus eher exhibitionistisch veranlagt, so werden sie unter Schuldgefühlen für ihr Verhalten leiden, sind sie eher puritanisch, so werden sie sich eingeengt fühlen. Sie brauchen einen Partner, der nicht eifersüchtig, fordernd und aufdringlich ist. Für beide Geschlechter ist Ideenreichtum und Gedankenfreiheit sehr wichtig. Männer suchen eine ungewöhnliche Partnerin, die »anders« ist, die ihre innere Unabhängigkeit bewahrt und ihnen aber dennoch ergeben ist.

Sonne im Löwen und Mond in den Fischen

Auf den ersten Blick scheint diese Konstellation konfliktträchtig zu sein. Sonne im Löwen sollte es schwerfallen, die Sensibilität des Mondes in den Fischen zum Tragen zu bringen und dabei dessen Verlockung zu spüren. Doch bei genauerer Überlegung stellen wir fest, daß die Sonne durchaus imstande ist, eine Menge humanitärer Impulse freizusetzen. Anderseits erreichen Ehrgeiz und Idealismus gefährliche Höhen und nähren einen blinden Romantizismus oder blenden mit zweideutigen Mythen. Dabei ist der wirksamste Mythos der persönliche, das Bild der eigenen Person.

Eine Möglichkeit zur Befreiung aus der Blockierung beider Zeichen kann die religiöse Sublimation bieten, aber auch die Aufgeschlossenheit für Politik, die Auseinandersetzung mit Generationskonflikten oder die Beschäftigung mit Kollektivbewegungen. Es versteht sich von selbst, daß hierfür die nötige Kreativität gegeben ist, denn das Unbewußte kann auf sehr fließende und spontane Weise die Ausdrucks- und Gestaltungsfähigkeit der Sonne im Löwen unterstützen und nähren.

Auch im Gefühlsbereich begegnen wir demselben etwas konfusen Idealismus, der Fähigkeit zur Hingabe und dem Bedürfnis, Alltag und Ewigkeit in Einklang zu bringen. Der Mann mit dieser Konstellation sucht eine geistvolle und poetisch veranlagte Frau, die er anbeten und idealisieren kann. Die Frau sucht nach den gleichen Anlagen bei ihrem Partner. Die Leidenschaftlichkeit der Sonne bleibt bestehen, wird aber vergeistigt und dadurch in ihrer Bedeutung zweitrangig. Der Drang zur Verschmelzung der Seelen überwiegt stattdessen. Dies ist oft ein schwer faßbarer Traum, der auch nicht einfach mit Leben zu erfüllen ist. Die Sehnsucht nach der höchsten Verbindung und der Wille zur Aufopferung kann auch zum Exzeß führen, zu masochistischen Verhaltensweisen, oder den Betreffenden in verworrene Situationen treiben, die jedoch auch ihren Reiz und ihre Verlockung besitzen.

Sonne in der Jungfrau

Sonne in der Jungfrau und Mond im Widder

Sorgfalt und das Bedürfnis nach Selbstverwirklichung kennzeichnen diese Konstellation, die auch eine Begabung für praktische Tätigkeiten, einen lebhaften Geist sowie einen Hang zu Kritik und Polemik aufzuweisen hat. Die Sonne neigt dazu, analytischen Fähigkeiten und Beobachtungen den Vorrang einzuräumen. Sie wird aber ständig zur Beherrschung gezwungen, weil die emotional betonten Anteile der Persönlichkeit durchaus auch zu streitsüchtigem und impulsiven Verhalten imstande ist. Diese Menschen wirken nach außen gefestigt und beherrscht, doch in ihnen brennt ein unbezähmbares Feuer. Die glühende, aber unkomplizierte Phantasie kann als Ausgangsbasis für Ideale dienen, die sich auf Fortschritt und Vollkommenheit beziehen. Es besteht ein deutlicher Konflikt zwischen dem Wunsch, sich gehen zu lassen, und dem Bedürfnis, sich zurückzuhalten, zu überlegen und eine Auswahl zu treffen.

Beim Mann kann die vernunftbetonte Seite der Sonne leicht die Oberhand gewinnen, während die Aspekte der Anima zurückgenommen oder – ganz im Gegenteil – als etwas erlebt werden, dem man sich ergeben muß. Bei den Frauen wird eher der Einfluß des Widders durch die Stellung des Mondes dominieren. Die Horoskopeignerinnen nehmen häufig eine auflehnende Haltung ein, manchmal wehren sie sich gegen die Übernahme der traditionell weiblichen Rolle. Im allgemeinen ist dies eine Konstellation, die ein problemloses und spannungsfreies Gefühlsleben nicht gerade fördern wird. Der Konflikt zwischen Gefühlsimpuls und Vernunft kann zu neurotisch gefärbten Entscheidungen führen. Die Frau wird versuchen, zu dominieren, doch ist das Zeichen Jungfrau eher dazu geeignet, sich unterzuordnen, dienend und helfend tätig zu sein. Wird der unterschwellige Geltungsdrang nicht bewußt gemacht, so ergibt sich das Bild einer Frau, die zwar beherrscht und untergeordnet auftritt, aber dies um den Preis hoher innerer Spannungen. Bei Männern tritt die Impulsivität stärker zutage oder wird in eine kritische und konstruktive Geisteshaltung umgewandelt.

Sonne in der Jungfrau und Mond im Stier

Dies ist eine günstige Kombination, welche die scharfsinnigen Fähigkeiten der Sonne mit dem Gefühlsreichtum des Mondes vereint. Zwar sind die Geborenen praktisch veranlagt, vorsichtig und konzentriert, sie besitzen aber auch die Fähigkeit zu tiefer Gefühlsbindung und schätzen das Natürliche. Als Fehler können der Mangel an Initiative und die Neigung, allzu leicht zufrieden zu sein, gelten. Die Stärke dieses Charakterbildes liegt in der Arbeit, denn sie wird kompetent und verantwortungsbewußt ausgeführt, vor allem wenn es um komplizierte Sachverhalte geht. Allerdings darf Schnelligkeit dabei keine Rolle spielen. Der ausgeprägte Sinn für die Realität wendet sich greifbaren Zielen zu und läßt die Betreffenden keine Zeit verlieren. Opportunismus ist in diesem Zusammenhang keine seltene Erscheinung. Die Phantasietätigkeit ist eher gedämpft, sie schwingt sich nicht so leicht in die Höhen und auch die Hingabe an einen Glauben erweist sich als eher schwierig.

Im Gefühlsbereich besteht eine Disharmonie zwischen der sonnen-und der mondbetonten Wesensseite: erstere versucht, den Eros zu sterilisieren und zu läutern, die zweite will ihn befruchten, ihn mit Wollust und bis ins tiefste Innerste erleben. Es ist jedoch wahrscheinlich, daß es eher zu einer Verschmelzung als zu einem Aufeinanderprallen der beiden Kräfte kommt: die Horoskopeigner kennen ihre Grenzen, und selbst wenn die Überlegungen manchmal das Handeln verzögern, so ergibt sich am Ende doch ein ausgeglichenes Verhältnis.

Bei den Frauen kann die jungfraubetonte Seite einem sinnlichen Bedürfnis erliegen, wobei aber immer nützlichkeitsorientierte und von der Vernunft genehmigte Entscheidungen im Auge behalten werden. Solche Frauen entziehen oder verbergen sich gerne, und genau das macht ihre Faszination aus (Greta Garbo hatte diese Konstellation). Die Männer entscheiden sich meist für eine zurückhaltende und ungekünstelte Sinnlichkeit.

Sonne in der Jungfrau und Mond in den Zwillingen

Diese Konstellation ist von sehr intellektueller Prägung. Der Geborene verfügt über die Fähigkeit, sich präzise auszudrücken, jede Situation eingehend zu prüfen und zu analysieren, diese aber auch zu kritisieren und eventuell ins Lächerliche zu ziehen.

Das Bedürfnis, sich Zeit zu lassen, zu überlegen und nachzudenken, drängt jede spontane Aktivität und Gefühlsregung in den Hintergrund. Dies kann jeweils unterschiedliche Folgen haben: Hemmung, emotionaler Rückzug, Unsicherheit über das angestrebte Ziel, Skrupel, Meinungsänderungen, Abstraktion oder Überbetonung des Verstandes. Der Mond ist neugierig und spielt gerne, läßt sich auf den Schwingen der Improvisation davontragen, doch die Sonne gestattet hier nur sehr intellektuelle Spiele, denn sie hat Freude an Denksportaufgaben, Tests oder Rätseln. Menschen mit dieser Kombination beobachten sich selbst mit größtmöglicher Distanz, sie leben oft »im Herbst der Gefühle zugunsten eines Frühlings der Gedanken«. Manchmal spitzt sich der innere Konflikt zu, und auf der einen Seite steht die Selbstdisziplin, auf der anderen das jugendliche Bedürfnis nach Abwechslung und Flucht. Die daraus entstehende Spannung behindert aber nicht die spezielle Begabung dieser Konstellation, nämlich den optimalen Einsatz des Verstandes, vor allem auf analytischem Gebiet, in der Literaturkritik, im Journalismus usw.

Was die Gefühle betrifft, so verhalten sich die Horoskopeigner sehr still und schüchtern. Vor diesem Hintergrund signalisieren sie scheinbar direkte Verfügbarkeit, doch diese reicht nicht wirklich tief und sie sind nur schwer zugänglich. Männer empfinden große Verantwortung für ihre emotionalen Regungen, sie möchten Komplikationen vermeiden und sich bedeckt halten. Beim anderen

Geschlecht suchen sie wahrscheinlich nach einem Spiegel, auf den sie den Teil ihrer selbst projizieren können, der ihnen weniger geistesverwandt erscheint – jugendliche Frische und Schöpferkraft. Frauen schweben in Liebesangelegenheiten zwischen zwei Zuständen. Einerseits treffen sie ihre Wahl mehr mit dem Kopf als mit dem Herzen, doch andererseits bewahren sie ihre Jugendträume in der Erinnerung.

Sonne in der Jungfrau und Mond im Krebs

Eine unstabile Konstellation, aber eine Verbindung voller Phantasie und Nostalgie, die sich gerne der Vergangenheit zuwendet, diese neu ordnet und in klarer, präziser und funktionaler Form überarbeitet. Die hohe Empfindsamkeit kann Unsicherheit und Introversion zur Folge haben, begründet in einer Angst vor den Härten des Lebens. Das Bedürfnis nach Sicherheit ist sehr ausgeprägt, ebenso möchte man alles bewahren und überliefern, was traditionell als wertvoll gilt. Ehrgeiz ist wenig vorhanden, eher eine gewisse Schwäche und Passivität. Die Horoskopeigner überarbeiten und verfeinern lieber Vorgegebenes als daß sie schöpferisch tätig sind. Es fehlt nicht an Ausdrucksfähigkeit, doch wird diese durch das Verlangen, sich zu schützen und sich von Träumen und Märchen zu nähren, beeinflußt. Diese Menschen verharren gerne in der Erinnerung an die Kindheit, im Unbestimmten, auf der Suche nach etwas sehr Subtilem, das ihnen immer wieder zu entgleiten scheint. In einer eher negativen Ausprägung verleugnet der Horoskopeigner sein Empfinden, seine Eindrücke und seine Unruhe und flüchtet sich stattdessen in Kritik, Starrsinn und feste Schemata. Dies hat Spannungszustände, Mißlaune und psychosomatische Krankheiten zur Folge.

Im Gefühlsleben treffen wir hier auf idealistische Vorstellungen in Verbindung mit dem Bedürfnis nach Selbstkontrolle. Das Verschleierte, Bittersüße und Unerreichbare ist für die Geborenen reizvoll. Vor allem die Männer sind in Partnerschaften gern auf der Suche nach der Mutter, die jede Angst besänftigen kann. Oder sie machen sich zumindest zu sehr von der Partnerin abhängig. Die Frauen selbst sind häufig unsichere, narzißtische und auf sich selbst konzentrierte Kindfrauen. Manche sind auch schüchtern, melancholisch, ergeben, introvertiert und mütterlich, aber gleichzeitig aus lauter Behutsamkeit voller Angst vor der Mutterrolle. Diese können dem Typ der »rätselhaften Frau« par excellence entsprechen.

Sonne in der Jungfrau und Mond im Löwen

Hier gelten verstandesbetonte und ideelle Werte, die durch eine großartige Phantasie, eine subjektive, einseitige oder auch übertriebene Sicht der Dinge Verstärkung erfahren. Die Fähigkeit, die Ideale des Löwe-Mondes zum Ausdruck zu bringen, ist nicht immer bestens ausgeprägt: man möchte einerseits glänzen und wünscht sich andererseits doch gleichzeitig Bescheidenheit, d.h. man möchte die Form wahren, und fühlt sich bewußt einem sehr klaren Moralkodex verpflichtet. Wir haben es hier nicht mit einem wankelmütigen und formbaren Charakter, sondern mit einer unnachgiebigen und für Kritik überempfindlichen Persönlichkeit zu tun, die gerne zu Überreaktionen neigt.

Die Ideale des Löwen werden auf die soziale und praktische Ebene verlagert, das Bedürfnis, anderen zu helfen, ist stärker ausgeprägt als die Ichbezogenheit. Diese läßt man zumindest nur indirekt durchschimmern, indem man sich jenen überlegen fühlt, denen man hilft.

Im Gefühlsbereich besteht Unsicherheit zwischen dem Wunsch nach Beherrschung auf der Seite der Sonne und der überschwenglichen Gefühlsbetontheit des Mondes. Eine solche Kraftprobe ist der inneren Harmonie natürlich nicht sehr förderlich. Der Mann gibt sich zwar als realistisch eingestellt und leicht zufriedenzustellen, in Wirklichkeit sucht er aber eine auffallende und idealistische Frau, die ihm helfen soll, seine Selbstzweifel zu überwinden. Die Frau mit dieser Konstellation ist ehrgeizig und benötigt viel Bewunderung, um ihre innere Gefühlsblockade zu überwinden. Auch sie kann scheinbare Minderwertigkeitsgefühle in sich tragen, die ihre wahre, stolze Natur verdecken.

Sonne in der Jungfrau und Mond in der Jungfrau

Diese Konstellation ist von Schaffenskraft und Eifer geprägt; sie will Ideen oder Traditionen bewahren und aufrechterhalten. Lokalpatriotische, rassistische oder reaktionäre Tendenzen sind daher nicht auszuschließen. Die Weltsicht ist einseitig und subjektiv, von materiellem und psychischen Sicherheitsdenken beeinflußt. Das Denken kommt vor dem Fühlen, danach wird die Erfahrung analysiert. Alles muß tadellos in Ordnung sein, einer Logik gehorchen und Bestandteil einer effizienten Struktur sein. Die Phantasie wird der Selbstbeherrschung geopfert, denn der Geborene bevorzugt das Spiel mit der scharfen Klinge des Geistes. Die Ernte wird in die Scheune gebracht, dann zählt man die Körner und freut sich an dieser Sicherheit, die man erlangt hat. Es ist eine beachtliche logische und mathematische Begabung vorhanden, doch wird bei dieser Konstellation gern zuviel gedacht und zu wenig gehandelt. Pläne können sehr präzise entworfen sein, den Horoskopeignern fehlt aber die nötige Beweglichkeit, mit unvorhergesehenen Hindernissen fertig zu werden. Daraus erwächst oft Angst oder starke Zweifel daran, ob man den Dingen überhaupt gewachsen ist. Ein ehrliches Bedürfnis zu dienen, wirkliche Bescheidenheit und starkes Verlangen nach äußerlicher Anerkennung gehören zu dieser Konstellation.

Schüchternheit, mangelnde Spontaneität und Schamgefühle können die Gefühle behindern. Das Liebesleben wird stark vom Intellekt und einer gewissen Berechnung betont, es erstarrt leicht durch einen Hang, alles analysieren zu müssen. Die Technik scheint wichtiger zu sein als der Inhalt. Mit dem Zeichen Jungfrau verbinden wir die Reinheit der Vestalinnen, das heilige Feuer und die Fruchtbarkeit der Göttin Ceres. In jedem Fall werden Gefühle mehr mit dem Kopf als mit dem Herzen erlebt und es kommt zu einer Art melancholischer Ergebenheit. Manchmal unterzieht man sich auch einer Selbstbestrafung, indem man sich einen Partner wählt, der ähnlich veranlagt ist und die gleichen seelischen Defizite aufweist, anstatt komplementäre Charaktereigenschaften. Möglicherweise lebt man aber auch über einen längeren Zeitraum hinweg in einer nicht zufriedenstellenden Beziehung. Man fühlt sich nicht zu jemandem hingezogen, den man geistig nicht respektiert. Der Intelligenzquotient liegt bei dieser Kombination erwartungsgemäß hoch.

Sonne in der Jungfrau und Mond in der Waage

Die Sicht der Dinge ist klar strukturiert und auf besondere Ziele gerichtet. Manchmal ist die Perspektive auch etwas einseitig, trotz des starken Gespürs für Form und Harmonie, sprich für das passende Detail. Sind diese beiden Zeichen verbunden, so lassen sie sich leicht assimilieren, sie verschmelzen miteinander und sind sich gegenseitig nützlich. So gesehen handelt es sich um eine Konstellation der Anpassung. Auf geistiger Ebene finden wir hier eindeutige Talente, denn die kritische Einstellung wird nie durch die Gefühle getrübt.

Der Mond ist in seinen emotionalen Regungen etwas unterkühlt. Er läßt sich nicht aus der Ruhe bringen, nimmt aber gerne die Wärme der Sonne auf, verarbeitet und reflektiert sie. Das Benehmen der Geborenen ist überaus liebenswürdig, dient aber ein wenig dem Selbstzweck, denn die Person ist immer bemüht zu gefallen und keinen Anstoß zu erregen. Sie scheint aber tendenziell nicht an tieferen Gefühlen interessiert.

Männer sind häufig distanziert und formell, oder im negativen Sinne untertänig und gefügig. Bei Frauen äußert sich die Konstellation günstiger, denn das Bedürfnis zu gefallen wird durch die Tendenz, sich dem Partner anzugleichen, ergänzt. Der Mann wird nach eben einer solchen Gefährtin suchen, während die Frau nie unter großen Anpassungsschwierigkeiten zu leiden haben wird. Sie ist eher besorgt um den äußeren Rahmen, den moralischen Aspekt und um das Urteil der anderen. Selbstverständlich können sich die Perspektiven auch umkehren, doch bleibt das moralische Element ausschlaggebend.

Sonne in der Jungfrau und Mond im Skorpion

Den beiden Zeichen ist die Freude an der Kritik gemeinsam, aber auch die Fähigkeit, Probleme gründlich zu analysieren und ganz klar zu erkennen, was dabei nicht in Ordnung ist. Paradoxerweise besteht dabei die Gefahr darin, daß die eigenen Störungen auf die anderen projiziert werden.

Der Mond im Skorpion ist alles andere als ruhig und ausgeglichen, sondern zeigt eine von kämpferischen Regungen beeinflußte Einstellung: er zerfleischt sich und versucht, sich mit all seinen Kräften von den Dämonen zu befreien, von denen er besessen ist. Er ist eifersüchtig, rachsüchtig und nachtragend. Die Energie der Jungfrau ist dagegen ganz darauf ausgerichtet, diese Impulse herauszufiltern, sie zurückzuhalten und in einem Schema zu organisieren. Diese Konstellation eignet sich gut dazu, nicht intakte Verhältnisse zu korrigieren, steckt aber ihrerseits voller innerer Unruhe und Widersprüche, obwohl ihr viel Verantwortungsgefühl und Hartnäckigkeit innewohnt. Diese Ambivalenz betrifft vor allem den Gefühlsbereich, in dem das Spannungsverhältnis zwischen Jungfrau und Skorpion offensichtlich wird. Soll man sich gehen lassen oder zurückhalten? Soll man sich belohnen oder bestrafen?

Männer mit dieser Konstellation suchen nach der Partnerin aus ihren innersten Phantasien, nach der Femme fatale, die in ihrer Vorstellung immer von einer dramatischen Aura umgeben ist. Sie streben nach dieser Frau, selbst wenn sie sich dabei Schmerz zufügen oder wenn Zweifel und moralische Bedenken an der Richtigkeit ihres Tuns aufkommen. Frauen mit dieser Kombination besitzen etwas von diesen anziehenden und »gefährlichen« Eigenschaften. Sie empfinden noch stärker den Wunsch nach einem Ausleben ihrer Instinkte, dabei gehen sie sehr gründlich und unwiderstehlich vor.

Sonne in der Jungfrau und Mond im Schützen

Die Bescheidenheit der Jungfrau verbündet sich hier mit den humanitären und philosophischen Idealen des Schützen. Akzeptiert die Vernunft es, aus dem Glauben gespeist zu werden, kann ein gutes Gleichgewicht zwischen diesen beiden gegensätzlichen Tendenzen entstehen. Die Fähigkeit zum Lernen und Denken ist somit ausgeprägt, ebenso die Hingabe an erhabene und anspruchsvolle Ideen und Ideale. Diese Menschen sind sehr gewissenhaft, manchmal auch auf Kosten einer gewissen Beweglichkeit und zu ungunsten des Humors. Die Sonne ist aufmerksam und bereit, sich in den Dienst einer Idee zu stellen, bereitwillig zu lernen und das Erlernte weiterzugeben. Weitere wichtige Eigenschaften sind Umsicht in geschäftlichen Angelegenheiten, im Handel und bei Spekulation. Es besteht jedoch die Gefahr, daß zwei Energien kollidieren: einerseits das rationale Bedürfnis, zu verstehen und andererseits der Wunsch, zu glauben. Man sucht unaufhörlich nach der Wahrheit, aber mit zwei viel zu unterschiedlichen Instrumenten, als daß sich Konflikte vermeiden ließen.

Vordergründig wird die Logik die Oberhand über die Emotionen gewinnen, doch ganz im Geheimen bildet die Sparsamkeit einen Ausgleich zur Verschwendungssucht. Der Kampf gegen das Chaos und der moralische Perfektionismus hält die abenteuerlichen Phantasien im Zaum.

Männer sind geradlinig, nüchtern und rational; im Gefühlsbereich sind sie nicht sehr offen, aber empfänglich für Partnerinnen mit edlen Absichten, die aktiv und vielleicht auch dominant sind. Frauen sind eher optimistisch und unbefangen, auch ein wenig extravertiert, dies aber immer im Rahmen einer Integrität oder eines Idealismus, der es ihnen nicht gestattet, sich einen Mann zu unterwerfen oder kalt und freimütig über ihn zu urteilen.

Sonne in der Jungfrau und Mond im Steinbock

Diese Konstellation ist fest in der Erde verwurzelt. Eine solche konkrete, aber wenig formbare und nicht sehr überschwengliche Persönlichkeit neigt dazu, nach einem überaus starren Schema zu handeln und zu denken. Ihre Vorzüge sind ein sehr praktisch ausgerichteter Geist, der nach Augenmaß planen und kalkulieren kann. Dazu kommt eine bewundernswerte Ernsthaftigkeit und Pflichtgefühl, eine starke Empfänglichkeit für politische Probleme und die Fähigkeit, sich gesellschaftliche Geltung zu verschaffen. Auch der Handel kann hier ein fruchtbares Betätigungsfeld sein. Diese Geborenen können trotz ihrer wirklichkeitsnahen Grundausrichtung abstrakt erscheinen und sind oft mit Details beschäftigt. Emotionen müssen erst durch die Mauern des Klosterlebens dringen und lange und intensiv verarbeitet werden. Sie dürfen aber die eigenen Wurzeln, die fest in einem pragmatischen Denken, in Analyse und anschließender Synthese verankert sind, nicht beeinträchtigen. Es handelt sich also um einen mathematisch-geometrisch ausgerichteten, wachen Geist, der gerne analysiert.

Das Liebesleben stellt hier gewissermaßen die Achillesferse dar. Eine Kindheit ohne viel Zuneigung kann die Ursache für Angst vor Zurückweisung oder einen Hang zur Einsamkeit sein. Spontane Regungen werden durch kritische Selbstanalyse, innere Widerstände und Blockaden eingeschränkt. Manchmal spielt auch die Angst, in etwas verwickelt zu werden, eine Rolle. Es kann auch die Furcht vor der Verantwortung, zu lieben und geliebt zu werden, sein. Es mangelt keineswegs an Gefühlen, der Mond im Steinbock ist jedoch ganz darauf ausgerichtet, seine Energien nach innen zu richten. Er kommt dann gut zum Ausdruck, wenn eine kühle, nüchterne und präzise Form vonnöten ist: das richtige Wort im richtigen Moment am richtigen Ort zu sagen. Die weiblichen Anteile treten bei dieser Sonne-Mond-Verbindung eher geschwächt und unterkühlt auf, die Frau empfindet die Mutterrolle nicht gerade zu ihr passend. Beide Geschlechter erleben die Liebe als Interessengemeinschaft. Sie entspricht eher einer Werkstatt, in der beide ohne besonders romantische Vorstellungen, aber treu und auf konkrete Weise zusammenarbeiten.

Sonne in der Jungfrau und Mond im Wassermann

Es sind humanitäre Ideale vorhanden, diese werden aber mit einer gewissen Distanz gelebt und mit den Augen des Analytikers, der die Utopie untersucht. Der Mond im Wassermann ist in der Tat auf ferne Horizonte gerichtet, er ist originell und unabhängig in seinen Gedanken und den Problemen von Evolution und Gesellschaft gegenüber aufgeschlossen. Die individuelle Freiheit wird hier als ein akutes Bedürfnis verstanden, man hat oft das Gefühl, daß man zwischen »hunderten« oberflächlichen Freunden alleine ist; der Kontakt zu den Mitmenschen fällt auf jeden Fall leicht.

Die Jungfrau-Sonne kommt einem Sieb gleich, durch das die Wirklichkeit hindurchläuft und das kleinste Teilchen herausfiltert. Dagegen ergreift der Wassermann-Mond dieses kleinste Teilchen und sendet es ins Universum.

Man schätzt die Freundschaft, vorausgesetzt, es bestehen gemeinsame geistige Interessen. Die Gefühle sind flüchtig, transparent, umfassend und die Geborenen gehen gerne auf Distanz, um niemand zu treffen und sich nicht zu verletzen. Männer sind verstandesbetont, kaum besitzergreifend und manchmal sogar allzu bescheiden. Sie suchen nach einer intellektuellen Partnerin, mit der sie die wassermännische Suche nach dem Außergewöhnlichen und das Streben der Jungfrauenergie nach Reinheit teilen können. Frauen mit dieser Konstellation sind altruistisch veranlagt, sie neigen aber nicht zu sehr dazu, sich in das Geheimnis der Persönlichkeit ihres Partners zu vertiefen. Sie sind experimentierfreudig und ihre Gefühle passen sich den Gedanken an und nicht umgekehrt.

Sonne in der Jungfrau und Mond in den Fischen

Diese Planetenverbindung ist eher widersprüchlich, denn die verstandesbetonten Werte der Sonne haben Mühe, mit der Empfindsamkeit und dem Mitgefühl des Mondes auszukommen. Die

Geborenen besitzen den Verstand des Wissenschaftlers und das Herz des Künstlers. Der Mond schwebt gerne in einem Traumzustand und will dadurch der funktionalen Wirklichkeit entfliehen. Gleichzeitig will sich das Bedürfnis nach Logik und geistiger Klarheit nicht von den Eindrücken und Ängsten des Mondes stören lassen. Die beiden Funktionen treffen aufeinander und es entstehen Spannungen und Unsicherheiten über die Zielsetzungen. Man möchte seinen inneren Widersprüchen dadurch Luft verschaffen, daß man starrsinnig nach Verwirklichung strebt.

Der Charakter ist beinahe zu eifrig und dienstfertig, die Bescheidenheit ist echt und keineswegs aufgesetzt. Dennoch können diese Menschen durch unvermittelte hysterische Ausbrüche überraschen. Auch wenn sie sich nur wie ein Sandkorn an den Gestaden eines unergründlichen Ozeans fühlen, so bemühen sie sich doch ständig, das Licht der Vernunft und des gesunden Menschenverstandes leuchten zu lassen, um dem Ruf der Sehnsucht und des Dunkels nicht zu erliegen.

Beide Geschlechter sind hingebungsvoll, neigen zum Verzicht und lassen sich leicht beunruhigen. Frauen projizieren ihre Widersprüche auf einen perfektionistisch veranlagten Partner. Männer finden bei einer romantischen und sensiblen Frau das Heilmittel für ihre Melancholie. Das beste Beispiel für diese Planetenkombination gibt uns Goethe: wer ist widersprüchlicher als sein Faust?

Sonne in der Waage

Sonne in der Waage und Mond im Widder

Heftige Gefühle und starke Vorstellungskraft müssen mit einer Sonne harmonieren, die keine frontalen Auseinandersetzungen schätzt und lieber diplomatisch vorgeht. Darin liegt ein offener und nicht ganz leicht zu lösender Konflikt. Der für die Waage-Sonne typische Sinn für Ästhetik und Harmonie, welcher zu heftiges Engagement scheut, muß sich mit lebhaften und spontanen Impulsen arrangieren. Durch die Vitalität des Mondes werden Unsicherheiten leichter überwunden, als es für die Waage sonst üblich ist. Doch schafft der gefühlsbetonte Wille eine Spannung zwischen Zurückhaltung und Selbstbehauptung: man ist unschlüssig, wankelmütig oder schwankend und gelegentlich kommt es zur Explosion.

Der feurige Mond wird durch die Sonne vor allem gebremst und die Gefühle sind somit von der Brutalität des Widders befreit. In dieser Konstellation liegt eine emotionale Kraft, die sich auf umgängliche Weise ausdrückt, denn sie kann sehr kreativ und tatkräftig, anpassungsfähig und überzeugend wirken. Die Impulsivität des Mondes kann die Sehnsucht nach sanfter Verschmelzung und die Suche nach dem Schönen durch die Waage-Sonne in Schwierigkeiten versetzen. Die Glut der Leidenschaft ist einerseits leicht entfacht, sie bleibt aber unbeständig und gleicht einem Irrlicht. Die Zündschnur brennt schnell ab, doch nach der Explosion der »Gefühlsbombe« bleibt oft der Wunsch, von vorne anzufangen. Einsamkeit macht Menschen mit dieser Konstellation sehr verwundbar.

Männer suchen eine aktive und leidenschaftliche Lebensgefährtin, die dann häufig über sie dominiert. Frauen suchen eher nach dem Gegenteil und nehmen lieber selbst eine führende Rolle ein, die aber durch Samt und Seide kaschiert wird.

Sonne in der Waage und Mond im Stier

Das Bedürfnis nach Zuneigung ist die Triebfeder, sich dem Außen zu öffnen, auch wenn die Anpassung etwas zu offensichtlich ist. Die Suche nach Ruhe bis hin zu einem völligen Fehlen von Engagement kann mit poetischer Empfindsamkeit einhergehen, die künstlerisch eingesetzt wird. Oder man neigt zur Sinnlichkeit. Eine Bindung an die schönen und guten Dinge des Lebens kann den Blick für das, was hinter der glänzenden Oberfläche steckt, trüben. Der Mond im Stier verleiht einen emotionalen Reichtum, mit dem die Waage-Sonne gerne verschwenderisch umgeht, indem sie sich für Nichtigkeiten begeistert. Das Erlebnis der Natur, die Formenvielfalt des Klassizismus, die Freuden des Landlebens, der Wunsch nach Zärtlichkeit, all dies sind Bestandteile einer etwas festgefahrenen Lebensauffassung. Durch diese gerät man manchmal in Unsicherheiten über den weiterhin einzuschlagenden Weg, aber das Vertrauen in die eigenen Möglichkeiten und den Reichtum an Gefühlen ist groß. Sich für das einzusetzen, was einen begeistert, wird als Selbstvervollkommnung erlebt.

Im allgemeinen besitzt die Waage die Fähigkeit, Dinge abzuwägen und aus verschiedenen Blickwinkeln zu betrachten. Es gehört zum Wesen des Stier-Mondes, diese Eigenschaft zu untergraben und die Horoskopeigner unnachgiebiger, hartnäckiger und weniger beeinflußbar zu machen. Gelingt es dem praktischen Sinn des Mondes nicht, der Liebe für das Schöne etwas Ehrgeiz zu verleihen, so ist die Faulheit nicht weit.

Im Liebesleben besteht das Bedürfnis, Erfahrungen mit anderen zu teilen. In den Geborenen lebt ein starker Kameradschaftsgeist, der zu einer gewissen Zwanglosigkeit führt, jedoch ohne untreu zu werden. Der Mann mit dieser Konstellation sucht eine gleichzeitig sinnliche und mütterliche Frau voller Zärtlichkeit und Lebenskraft, die aber über innere Festigkeit verfügen muß, um nicht abhängig und ihm lästig zu werden. Die Frau wird sich einem kultivierten und zärtlichen Partner zuwenden, der das häusliche Leben schätzt, die Familie liebt und gerne in der Natur ist.

Sonne in der Waage und Mond in den Zwillingen

In dieser Konstellation verbinden sich auf harmonische Weise zwei luftbetonte Zeichen. Sie erinnert an die Himmelswolken, die jede Form anzunehmen vermögen, die die Phantasie ihnen zuschreibt. Zu den Eigenschaften dieser Geborenen gehören Unbefangenheit, Leichtigkeit, ein starkes Bedürfnis, die Mitmenschen zu verstehen und mit ihnen zu kommunizieren sowie ein Talent, sich in einer inneren Mitte zu halten. Die Begabung für gutes Reden, Taktgefühl, Neugierde und ein gewisses Maß an Humor verleihen den Horoskopeignern den Reiz der Vielseitigkeit. Sie scheuen sich nicht, ihre Kultur zu vertiefen, lieben es in jeder Hinsicht, zu improvisieren. Gut geeignete Tätigkeitsfelder sind Journalismus, Öffentlichkeitsarbeit und Aufgaben in den Massenmedien.

Menschen mit dieser Verbindung sind wenig stabil und es mangelt ihnen an Selbstdisziplin, sie lieben in erster Linie die Gegenwart. Die Erfahrung des flüchtigen Augenblicks zieht sie mehr an als sorgfältige Planung und Vorbereitung. Ihre Neugierde beschäftigt sich jedoch auch mit der Zukunft, denn diese kann faszinierend und seltsam sein.

Anmut und Talent der Waage verbinden sich mit der Spielfreude der Zwillinge. Deren Spiele sind raffiniert und geistvoll. Die Geborenen beziehen in ihre Spiele häufig auch das schillernde und unbeständige Gefühlsleben mit ein, das in sich selbst und die eigene Jugend verliebt ist. Treue ist nicht gerade eine herausragende Stärke dieser Horoskopeigner, denn sie sind häufig unentschlossen in ihrer Gefühlswelt. Zum Thema Liebe fällt einem hier neben dem erwähnten Bild der Wolken das eines Heißluftballons ein. Der Ballon steigt, entschwindet und verliert von selbst wieder an Luft. Man bringt dem Partner große Aufmerksamkeit entgegen, allerdings nicht ganz ohne Selbstzweck, denn sich und den anderen zu verstehen ist das oberste Gebot. Im Großen und Ganzen geht man eher intellektuell an eine Beziehung heran.

Sonne in der Waage und Mond im Krebs

Die beiden Zeichen haben vieles, ja vielleicht sogar zu vieles, gemeinsam. Beide sind hingebungsvoll und empfindsam und müssen sich am Rande des alltäglichen Lebenskampfes im Gleichgewicht halten. Luft und Wasser sind allerdings Elemente, die nur schwer zusammenleben können. Oder anders ausgedrückt, sie existieren nebeneinander, ohne sich wirklich zu vereinigen. Himmel und Meer können sich gegenseitig nähern und am Horizont berühren, aber selbst bei Sturm und Unwetter, wenn beide sich zu vermengen scheinen, handelt es sich in Wirklichkeit um eine augenblickliche Überlagerung. Diese Konstellation ist geprägt von Introversion und Besinnung. Die beiden Zeichen durchdringen sich gegenseitig nur in ihrer Vorliebe für Idylle und Märchen – Märchen von sprechenden Tieren und von Verschwörungen, bei denen am Ende immer das Gute siegt. Das Verhalten der Geborenen kann ängstlich und launisch sein, mit unangemessenen und beunruhigenden Gefühlsreaktionen. Sie machen sich gerne eine Verzichthaltung zueigen. Sie suchen die Ruhe, ein Feuer am Kamin, eine komfortable Umgebung voller schöner Dinge. Sie fühlen sich hingezogen zu Traum und Kunst, zu plastischen Formen und zum Handwerk. Zweifellos spielen hier auch Faulheit, Passivität, Angst vor Verantwortung und vor dem zu verworrenen und komplizierten Leben eine Rolle.

Im Liebesleben erweist sich die Konstellation nicht als besonders unternehmungsfreudig oder leidenschaftlich, höchstens als gefühlsbetont. Liebesträume sind in zarten Nuancen vorhanden und werden leicht in Phantastereien oder in einem dämmrigen Zustand gefangen. Der Mann sucht eine mütterliche und phantasievolle Partnerin, die für ihn ein ruhiger Hafen ist, ein Tor, hinter dem man sich vor einer Welt verschließen kann, welche den Betreffenden wenig Raum für Phantasie und Traum bietet. Wer einem Liebestrugbild hinterherläuft, gerät in Herzensangelegenheiten leicht ins Vagabundieren, doch früher oder später wird die häusliche Seite überwiegen. Die Frauen zeichnen sich aus durch Passivität, Empfänglichkeit, Anpassungsfähigkeit und eine starke Identifikation mit dem Partner; sie haben das Bedürfnis, zu dienen, sie sind liebenswürdig und verführerisch. Die Tendenz, andere zu verwöhnen entspricht der eigenen Schutzbedürftigkeit.

Sonne in der Waage und Mond im Löwen

Dies ist eine Konstellation mit der Tendenz, die Dinge neu zu organisieren. Gemeinschaftsgefühl und zwischenmenschliche Beziehungen sind sehr wichtig, dies auch in Hinblick auf den eigenen Stolz sowie bezüglich des Bedürfnisses nach Zustimmung, Sympathie und Bewunderung. Großartige Ideen gelangen ins Bewußtsein und verschwinden ebenso schnell wieder oder werden durch andere abgelöst, die bereits zahlreich vorhanden sind. Begeisterung und Idealismus sind echt, auch wenn manchmal auch eine gewisse Selbstherrlichkeit vorhanden ist. Das Bedürfnis nach Erfolg bringt die Passivität der Waage in Bewegung und verleiht ihr die noch fehlende Energie. Die Extrovertiertheit bekommt eine euphorische, optimistische und warme Note und neigt dazu, Probleme allzu sehr zu vereinfachen. Es werden hehre Ziel verfolgt, welche Gerechtigkeitssinn und Loyalität anstreben, jedoch schnell vergessen werden, sobald man die Möglichkeit entdeckt, sich in den Mittelpunkt der Aufmerksamkeit zu rücken. Gestik, Manieren, Eleganz und Haltung erscheinen etwas theatralisch und eitel. Die Form ist oftmals wichtiger als der Inhalt. Das Handeln ist häufig eher spektakulär als effizient, es ist nicht auf Dauer und Verläßlichkeit angelegt.

Die Gefühle sind heftig und das Herz schickt gelegentlich verrückte Botschaften an den Rest des Körpers. Aber auch hier gleicht das Handeln einem Feuerwerk, denn es ist nicht beständig und richtet sich auf Ziele, die durch die Brille des Idealismus riesenhaft vergrößert werden, sich aber als wesentlich weniger lohnend erweisen können. Der Mann braucht eine Partnerin, die unbedingt schön und auffallend sein muß, ein Juwel, das seinen eigenen guten Geschmack, seine Geschicklichkeit und Raffinesse beweist. Die Frau mit dieser Konstellation ist ehrgeizig, dominant und von der Überlegenheit des weiblichen Geschlechts überzeugt; sie braucht Bewunderung und hegt edle Gefühle und Ideale. Sie sucht nach einem ehrgeizigen Mann, der ihr jedoch freie Hand läßt.

Sonne in der Waage und Mond in der Jungfrau

Diese Konstellation konzentriert sich ganz auf sich selbst. Beide Zeichen nivellieren gerne und schleifen vorhandene Kanten ab – das eine eher im Bereich von Gefühl und Ästhetik, das andere in Bezug auf Moral und Intellekt. Es herrscht ein Bedürfnis nach Ordnung und Klarheit vor, die Horoskopeigner äußern gerne Kritik, vergleichen die verschiedenen Seiten eines Problems und kontrastieren die Meinungen. So gelangen sie zu einem Ergebnis in Form eines sachlichen und objektiven Urteils. Dies macht sie wiederum geeignet für soziale und intellektuelle Tätigkeiten. Sie verfügen auch über eine gute Anpassungsfähigkeit, ihr Fleiß ist groß, ebenso ihr Talent zur Zusammenarbeit, zu pädagogischen Tätigkeiten, für heikle oder diplomatische Aufgaben. Allerdings fehlt es ein wenig an Initiative: abstraktes Bewerten ist ihnen wichtiger als Handeln.

Der Mond in der Jungfrau hat tiefe Wurzeln, seine Gefühle müssen den Filter der Gedanken passieren und entstehen nur langsam. Die Waage verliebt sich leicht in eine Idee oder ein Objekt, doch gibt der Mond ihr nicht genug Freiraum für ihren Elan, er will sich mit dem richtigen Gefühl auf dem richtigen Platz behaupten. Die Gefühlswelt wirkt ein wenig unterkühlt; die Horoskopeigner wählen Freunde nach Kriterien von Nützlichkeit und Opportunismus aus, katalogisieren deren Vorzüge und Fehler, suchen die Gemeinsamkeiten und passen sich ihnen dann in etwas berechnender Weise an.

Diese Geborenen lassen sich nicht allzu leicht gehen. Zwar achten sie auf die Nuancen des Gefühls, doch hinterläßt das selektierende Denken mit seinen vielen Zweifeln und seinem Zögern eine beunruhigende Wirkung. Der Traum von der Liebe ist rosig und schwer zu vermitteln, oder man beschränkt sich lediglich auf das Nützliche und Praktische. Dabei behält man aber im Bewußtsein und nimmt mit Bedauern zur Kenntnis, daß diese Wahl aus Angst vor dem Leben getroffen wurde.

Frauen sind von dieser Situation stärker betroffen, gerade weil die Waagefrau eine gut ausgeprägte Weiblichkeit besitzt. Ihre Entscheidung für einen Mann ist praktisch orientiert, aber auch von

Hingabe und Anpassungsfähigkeit an den Partner geprägt. Beim Mann verhält es sich ähnlich, denn in seiner Partnerwahl verbinden sich Nützliches und Gutes, Zweckmäßigkeit und Raffinement.

Sonne in der Waage und Mond in der Waage

Menschen mit dieser Konstellation lassen ihrem Elan und ihrer Begeisterung freien Lauf, gehen auf andere zu und stürmen auf alles zu, was schön und harmonisch ist. Dagegen versuchen sie, Ärger, Verantwortung, unentwirrbare Bindungen zu meiden wie lästige Insekten. Diese Menschen sind faszinierend und von großem Liebreiz, wenn auch nicht frei von Opportunismus und heimlicher Berechnung im Geben und Nehmen. Sie haben keinen schlechten Charakter, denn sie handeln in gutem Glauben, aber häufig meinen sie, es sei wichtig, »nicht schlecht zu scheinen«. Sie stehen selten für etwas ein, sondern sie versuchen stets, neutral zu bleiben. Eine ihrer größten Schwächen ist der Mangel an Festigkeit, vor allem im emotionalen Bereich. Sie haben wenig Methode, aber sie sind imstande, den Dingen die richtige Form zu verleihen. Sie sind eher sentimental als spirituell veranlagt, aber immer Ästheten oder Künstler.

Der Mond in der Waage kann frivol sein, aber auch anpassungswillig und aufnahmefähig. Er ist eher träge, beeinflußbar und unsicher, aber vor allem gewillt, zu Diensten zu sein. Für Frauen bedeutet dies, daß sie ihre Ausstrahlung, ihren Anmut und ihren Sinn für Ästhetik noch um die Bereitschaft ergänzen, sich für die Interessen des Partners einzusetzen. Männer neigen dazu, sich zu zieren und können leicht Sklave der äußeren Form werden.

Die Unkontrolliertheit der Gefühle, die wie von einer Blume zur anderen flattern, wird hier ausgeglichen durch Feingefühl, den Hang zu filigranen Schnörkeln und eine Abscheu vor Gewalttätigkeit. Selbstverständlich ist Venus sehr großzügig mit dieser Konstellation – auch in der Tendenz zur Übertreibung, in den kleinen Kunstgriffen, im Zaudern. Männer wie Frauen suchen leicht narzistisch vor allem nach sich selbst – nach dem Spiegelbild der eigenen Seele. Sie handeln getreu dem Satz: »Immer schön freundlich sein.«

Sonne in der Waage und Mond im Skorpion

Diese Konstellation ist in einer gewissen Subjektivität und Selbstgenügsamkeit gefangen und gegen jeden Versuch einer Konditionierung allergisch. Diese Sonne in der Waage ist durch die Verbindung mit dem Skorpion-Mond wesentlich unabhängiger und selbstsicherer. Das zögernde und wirklichkeitsferne Verhalten tritt nicht zutage, denn es wird vom Skorpion-Mond dirigiert. Ein gewisser Ehrgeiz bedient sich der sympathischen Erscheinung, um andere zu beeinflussen. Das Resultat ist nicht vorhersehbar, denn hier vereinigt sich das diplomatische Zeichen Waage mit dem absolut wißbegierigen Skorpion. Es bleibt jedoch ein Wunsch nach Harmonie, gepaart mit einer Geradlinigkeit, die manchmal sehr mutig, manchmal aber auch zynisch wirken kann. Der Mond im Skorpion bedient sich des Gemeinschaftsgeists und der Gefühlswelt der Waage-Sonne, aber er malt damit keine romantischen Landschaftsbilder, sondern eher düstere Szenen mit Friedhofstimmung.

Der Wunsch nach Frieden und Gleichgewicht wird durch den Wunsch nach Unabhängigkeit geschwächt und in die Abstellkammer für fromme Illusionen verwiesen. Gefühle münden in einen egozentrischen Narzißmus, der zwar die Wirklichkeit des Mitmenschen erahnt, aber nur, um sie für seine Zwecke nutzbar zu machen. Diese Menschen wirken verführerisch und sind von einem besonderen Reiz, hinter dessen Glanz heftige Begierden und Instinkte durchschimmern. Dies gilt vor allem für die Frauen. Sie sind auf der ständigen Suche nach dem Gleichgewicht – sanft und widerspenstig zugleich. Sie brauchen einen Partner, der ihnen widerstehen und die Situation umkehren kann. Männer fühlen sich sehr von erotischen Frauen angezogen, sie sind gelegentlich treu und können rasend eifersüchtig werden. Aggressivität spielt im Beziehungsleben eine wichtige Rolle, ebenso eine gewisse Disziplinlosigkeit.

Sonne in der Waage und Mond im Schützen

Eine Konstellation voller Überzeugungskraft und durchtränkt von glühendem Idealismus, der sich auf einen festen Glauben und eine ausgeprägte persönliche Moral stützt. Dies kann der Antrieb sein für ein Forschungsprojekt, ein geistiges Abenteuer oder moralische Überheblichkeit.

Bei Mond im Schützen stehen wir am Übergang vom zügellosen Kentauren zum Bogenschützen, der seinen Pfeil ins Unendliche schießt. Da die Waage kein besonders mystisch veranlagtes Zeichen ist, wird sie diese Energien auf ästhetischer oder politischer Ebene einsetzen. Die dialektische Begabung kann durch die Inspiration des Schützen und die Anmut des Sonnenzeichens verstärkt werden. Als herausragendste Fähigkeit dieser Kombination gilt ihr scharfsinniges Organisationstalent.

Die Horoskopeigner haben auch eine gewisse Neigung zur Großzügigkeit und Verschwendung, sie lieben Reisen und Luxus. Die Sehnsucht nach Freiheit und Friede auf persönlicher wie auf universeller Ebene ist eine wesentliche Kraft, die inspirierend wirkt und nach Engagement verlangt. Dies gelingt häufig auf sehr konstruktive Weise. Dabei geht es den Geborenen nicht um einen Frieden bestehend aus schönen Worten, sondern um den Frieden der Erde, an den man glauben muß. Ebenso wichtig ist der innere Frieden, der aber aufgrund der Kritikempfindlichkeit oft in Gefahr ist.

Die Gefühle entflammen leicht, auch wenn sie nicht sehr dauerhaft sind, doch sind die Horoskopeigner offen und vertrauensvoll. Der Mann sucht eine Partnerin von anmutiger Figur, die ganz vom Glauben an das Leben beseelt ist. Die Frau sucht einen Partner, der ihrem Hauptfehler, nämlich der Verschwendungssucht, tolerant gegenübersteht, und der nicht nur ihr Äußeres oder ihren Frohsinn schätzt, sondern auch die Kraft ihrer Ideen und ihren liberalen Geist.

Sonne in der Waage und Mond im Steinbock

Menschen dieser Konstellation bedienen sich einer präzisen und eleganten Gestik, die auf den ersten Blick angenehm wirkt, aber bei intensiverer Betrachtung ein Bedürfnis nach Selbstkontrolle und Genauigkeit verrät. Dies mündet schnell in einen Kult der Formalitäten und eine Verherrlichung der Selbständigkeit. Dem liegt vielleicht die Angst vor Ablehnung zugrunde, weshalb der Horoskopeigner versucht, sich angenehm darzustellen und das diplomatische Taktgefühl manchmal übertreibt. Er fürchtet, sich zu verausgaben, obwohl er Aktivität liebt. Es sind auch soziale Antriebe vorhanden, doch reicht die Energie nicht immer aus, um entschlossenes Handeln zu fördern.

Dieser sehr organisatorisch veranlagte Charakter schlägt gerne Wurzeln, kann Überraschungen nicht leiden und versucht, die Verantwortung für Unwesentliches abzustreifen. Die Sonne/Mond-Phase steht hier im ersten Viertel: der Mond ist frühlingshaft und im Zunehmen begriffen, also aktiv und extrovertiert, aber immer darauf bedacht, sich keine Blöße zu geben.

Für einen Mann kann dies ein kaum nach Expansion drängendes Temperament bedeuten, in dem die venusbetonten Werte diffus und nur schwach vorhanden sind, ohne jemals Gestalt anzunehmen. Im Horoskop einer Frau ist diese Mondposition dem Familienleben nicht sehr förderlich, denn sie macht diese nicht gerade zu einer leidenschaftlichen Mutter. Sie ist höchstens aus Pflichtbewußtsein besorgt um das gute Funktionieren der Familie, und nicht so sehr um die menschliche Wärme, die man dort bekommt. Eine Sublimierung im sozialen Bereich ist immer möglich. Der Mann sucht eine starke Partnerin, um die eigene Zerstreutheit und Unentschlossenheit zu kompensieren. Die Frau sucht eher jemand, der ihre Nüchternheit und ihren Formalismus respektiert, sie aber auch ermutigt, etwas zu wagen.

Sonne in der Waage und Mond im Wassermann

In dieser faszinierenden Konstellation stehen das Gesellschaftsleben, der Dialog mit anderen Menschen, die Angst vor dem Alleinsein, und die kameradschaftliche Umgang an erster Stelle des Interesses. Beide Planeten sind in harmonischer Verbindung. Der Geborene verfügt über große intellektuelle Begabung und Originalität und ist für Tätigkeiten im Bereich der Sozialarbeit geradezu ideal geeignet.

Die lebhafte Begeisterungsfähigkeit ist jedoch nicht sehr dauerhaft und sie richtet sich auf ein breitgefächertes Interessensspektrum. Das Bedürfnis nach Kommunikation wird als äußerst beruhigend und sehr intensiv empfunden und erlebt wird.

Menschen mit dieser Konstellation haben einen eher verworrenen und empfindlichen Charakter, der immer versuchen wird, bürokratischen Ärgernissen und der Eintönigkeit der Welt zu entkommen. Ein Hauch von Snobismus kann zur Vorliebe für die intellektuelle Elite, für Zirkel und Klubs und für moderne Kunst führen. Es sind eben vielfältige Interessen vorhanden, die aber nicht vertieft werden. Gerne räkelt sich der Horoskopeigner in einem bequemen Optimismus, hat aber auch ein großes Bedürfnis danach, sich schöpferisch auszudrücken.

Zuneigung wird eher mit intellektueller als mit körperlicher Leidenschaft empfunden, doch sind die eigenen Liebesgeschichten nie flüchtig, alltäglich oder tragisch, auch wenn zuviel Nähe als beklemmend empfunden wird. Alles erhebt sich in große Höhen, mit dem Flattern weißer Flügel, mit Düften und Blütenblättern, unter Zögern und Ängsten: es ist das, was zu schön ist, um wahr zu sein. Die rauhe Wirklichkeit kann störend wirken und wehrlos machen, doch im Grunde muß man nur weiterhin an seine eigene poetische Welt glauben, damit man in höheren Gefilden schweben kann.

Der Mann sieht in seiner Partnerin eine Art zerbrechlichen Kristall, in dessen Facetten sich ein höheres Licht bricht. Sie ist es wert, bewundert und idealisiert zu werden und Gegenstand von Träumen zu sein. Auch die Frauen mit dieser Kombination sind Individualistinnen, jedoch mit etwas mehr Abstand zu den tiefsten Gefühlen; sie haben unzählige Freunde und Interessen und suchen nach einem Poeten als Mann, der sie bei aller Du-Bezogenheit nicht vereinnahmt.

Sonne in der Waage und Mond in den Fischen

Beide Zeichen in dieser Verbindung tragen in sich das Bedürfnis, zu verschmelzen, sich zu verlieren und sich mit etwas Schönem und ihnen Verwandten zu vereinen. Bei der Waage kommt diese Sehnsucht aus dem Herzen und läßt sie nach der verwandten Seele suchen; bei den Fischen entspringt sie aus der Seele selbst, die sich von einem visionären Sturm davontragen lassen möchte, die eine Öffnung finden will, durch die sie mit dem Göttlichen kommunizieren kann. Man sucht die Verschmelzung in der Liebe und die Vereinigung mit Gott. Dies muß jedoch nicht bedeuten, daß der Horoskopeigner dann entweder ein begnadeter Liebhaber oder ein Geistlicher wird; die Bedürfnisse werden eher im Sinne von Harmonie oder Brüderlichkeit verquickt.

Die Betreffenden haben einen Hang zur Romantik, jedoch sollte sie nicht das Bedürfnis nach Ruhe und Frieden stören. Diese Menschen können auch künstlerisch begabt sein und auf träumerische Weise sowohl das fischebetonte Empfinden von Unendlichkeit als auch süße Bitternis der Gefühle ausdrücken. Die Fähigkeit, andere zu verstehen und sich »einzufühlen« ist hochentwickelt, sie verleiht dem eigenen Lebensstil seine besondere Intensität. Dieser ist nicht unbedingt festgelegt, sondern mehr darauf ausgerichtet, die Persönlichkeit zu vervollkommnen.

Ebenso wie auf künstlerischer und geistiger Ebene, erleben wir im Gefühlsbereich eine Suche nach der Schönheit. Die Geborenen zeigen einen gewissen Enthusiasmus in der Liebe, der jedoch leicht zu verletzen ist. Taktgefühl, Intuition und Spontaneität in der Kommunikation sind die Schlüsseleigenschaften, durch die der Horoskopeigner die Zuneigung der anderen gewinnt. An Freunden fehlt es ihm nie. Von seiner Partnerin erwartet der Mann reiche Inspiration und viele Eindrücke: sie soll eine Schönheit verkörpern, die geahnt, aber nie vollständig erfaßt werden kann. Frauen dieser Konstellation sind tugendhaft, sensibel und passiv. Sie lassen sich führen, möchten aber bewundert werden. Ihr Bedürfnis nach Hingabe und ihre Tendenz, sich aus Liebe zu verzehren, können sie in emotionale Abhängigkeit bringen.

Sonne im Skorpion

Sonne im Skorpion und Mond im Widder

Mut und Kampfgeist sind unter dieser Konstellation beinahe unerschöpflich. Die Phantasiekraft des Mondes erzeugt unbezähmbare Impulse, insbesondere den Wunsch, sich ins Getümmel zu stürzen und hundert verschiedene Feuer zu entfachen. Meist handelt es sich dabei um ein echtes Feuerwerk. Die Sehnsucht nach Lebensintensität erreicht extreme Ausmaße. Kampf und Revolte, aber auch eine Verwirklichung der eigenen Ziele um jeden Preis sind Konstanten dieser Planetenverbindung, die leicht Gefahr läuft, maßlos und brutal zu werden.

Das Feuer des Widders vereint sich mit dem trüben und leicht erhitzbaren Wasser des Skorpions. Dessen Bemühen richtet sich auf das Materielle und kann einen konstruktiven Umgang mit den aggressiven Antriebskräften ermöglichen (vom Metzger bis zum Chirurgen, vom Polizisten bis zum Boxer, etc.).

Die Gefühle sind leicht entflammbar und Liebe wird von den Horoskopeignern häufig als heftige und ambivalente Leidenschaft erlebt, in der das Verständnis für die Bedürfnisse des anderen immer dem Verlangen nach Befriedigung der eigenen Wünsche untergeordnet ist. Menschen mit dieser Konstellation verfügen häufig über eine große persönliche Anziehungskraft, eine ausgeprägte Sinnlichkeit und einen schwierigen, eifersüchtigen und Streit suchenden Charakter. In den entscheidenden Momenten kann man sich auf sie aber durchaus verlassen, denn sie zeigen sich den Menschen gegenüber, die ihr Vertrauen besitzen , sehr loyal.

Männer wünschen sich eine starke Partnerin, mit der sie die Freude an Aktivität und ihre entschlossene Tatkraft teilen können. Frauen suchen einen ähnlichen Partnertyp, solange sie dabei nicht einen Machtkampf mit ihm befürchten. Da sie in der Liebe aber oftmals direkt, rechthaberisch und ungeduldig sind und andererseits gerne erobern, lassen sie oft eine Schar geknickter Männer zurück. Es wäre ratsam doch lieber einen sensiblen Mann zu wählen, der ihre Autorität anerkennt.

Sonne im Skorpion und Mond im Stier

In dieser Konstellation verbinden sich zwei gegensätzliche Zeichen, die aber einiges gemeinsam haben; der Stier verkörpert die Phase der Nahrungsaufnahme, der Skorpion die der Ausscheidung. Es handelt sich also um das Thema des Kontrastes zwischen Festhalten oder Loslassen, Akzeptieren oder Zurückweisen. Beide Zeichen gelten als »erotisch« im weitesten Sinne, das heißt, sie sind fähig zu großem Gefühlseinsatz und benötigen auch eine starke Erwiderung ihrer Gefühle. Der Mond im Stier wird von den materiellen und häuslichen Seiten des Lebens stimuliert, er sucht die gesunde und natürliche Ruhe, möglichst mitten im Grünen. Die Sonne im Skorpion fühlt sich weniger zu einem ländlichen und seßhaften Leben hingezogen, sondern versucht, alles, wofür sie sich engagiert, bis zum Äußersten zu führen. Daraus kann eine innere Unruhe erwachsen, denn die Richtungen, in die sich die beiden Sternzeichen bewegen und ihre unterschiedlichen Lösungsvorschläge sind sehr schwer zu vereinbaren. Da das häusliche Bedürfnis den eher abenteuer- und unternehmungslustigen Tendenzen entgegensteht, kann ein deutlicher Wunsch nach Festigkeit und Stabilität (vielleicht im Geschäftsleben) entstehen. Man möchte einer Idee treu bleiben und sich für diese mit manchmal unangenehmer Hartnäckigkeit einzusetzen.

Das Verlangen nach Erfahrungen kann hier sehr groß sein. Die Gefühlregungen sind tief verankert, manchmal etwas widersprüchlich oder extrem, und es besteht ein starkes Bedürfnis nach Körperkontakt. Die Horoskopeigner sind in ihren zwischenmenschlichen Bindungen häufig frühreif, meist sehr beständig und treu, jedoch auch besitzergreifend und können an Eifersuchtsanfällen leiden.

Frauen dieses Typs kennzeichnet eine starke erotische Ausstrahlung, sie können aber durchaus auch mütterlich veranlagt sein. Sie suchen nach Partnern, die ihnen familiäre Sicherheit geben. Sie sind der Natur gegenüber aufgeschlossen, und schätzen an ihr vor allem das Geheimnisvolle und Unerklärliche, welches das Ende des Lebens nicht preisgibt. Für den Skorpion gibt dies immer Anlaß zu großer Nachdenklichkeit. Männer suchen eine großzügige Frau, die ganz den Freuden der Familie zugewandt, aber auch offen für alle Arten von neuen Erfahrungen ist.

Sonne im Skorpion und Mond in den Zwillingen

Diese Kombination vereint Kraft mit Scharfsinn. Aus der Oberflächlichkeit der Zwillingeenergie entsteht hier durch Tiefe und analytische Begabung eine vielseitige Intelligenz mit Forschergeist, Redetalent und Überzeugungskraft. Das skorpionische Bedürfnis nach intensivem Erleben kann zu Unbedachtheit führen, zum Spiel mit flüchtigen Neigungen, die nur einem Selbstzweck dienen. Die intellektuelle Spielereien, Kritiksucht und kühle Analyse kann leicht zu abstrusen Ergebnissen führen. Am Ende der Überlegungen ist man zwar oft im Besitz sämtlicher Daten, die Seele ist dabei aber verlorengegangen, denn diese läßt sich eben nicht in eine Formel fassen. Zu dem Zwillinge-Mond gehört auch etwas Sorgloses und Vagabundenhaftes, doch dies läßt sich schlecht mit dem Wunsch des Skorpions vereinbaren, das Leben mit allen Kräften der Instinkte so intensiv wie möglich zu erfahren. Die spielerische Komponente ist hier schwer zu integrieren, und wenn, dann allenfalls auf der Ebene intellektuellen Forschens und Suchens: ein schillernder, vielfarbiger Mantel, unter dem sich nichts Faßbares verbirgt. Anderseits kann der Mond den Eindruck gewinnen, daß seine kreativen Möglichkeiten vergeudet werden, oder er wird versuchen, den Willen dahingehend zu beeinflussen, daß er seine Launen unterstützt. Gelingt ihm dies (was jedoch eher unwahrscheinlich ist), so haben wir es mit einem rebellischen und ausweichenden Charakter zu tun, der sich besonders zweideutig verhält: ehrlich in den Gefühlen und falsch, wenn er die Wahrheit sagt.

Diese Menschen können sehr anziehend wirken, es fällt ihnen auch leicht, sich anderen gefühlsmäßig zu nähern. Es ist schwer zu sagen, ob das Bedürfnis nach Treue, oder der Wunsch, einem Trugbild der Liebe hinterherzuflattern, die Oberhand behalten wird. Langeweile kommt bei diesen Geborenen nicht auf, doch sind sie auch schwer zu fassen.

Männer mit dieser Konstellation suchen nach brillanten, geistreichen und phantasievollen Partnerinnen, um dies dann wieder zu bereuen, wenn jene ihrer Meinung nach unzuverlässig sind. Die Frauen sind manchmal sehr frühreif und skrupellos; sie erwarten Treue, fühlen sich aber nicht verpflichtet, diese zu erwidern. Der ideale Partner für sie wäre jemand, der sie in seiner Gewalt hat (falls dies überhaupt möglich ist), und ihnen emotional einen festen Halt bietet.

Sonne im Skorpion und Mond im Krebs

Diese Konstellation steht ganz im Zeichen des Elementes Wasser. Alles ist Gefühl und Sensibilität, und diese kann, ähnlich wie die Intuition, eine ungewöhnliche Intensität annehmen. Wir treffen hier auf Harmonie und starke Anziehungskräfte. Die nächtlichen Seiten sind stark betont und speisen eine ungezügelte, eher düstere Phantasie, welche für die Horoskopeigner selbst und für andere oft auch störend sein kann. Der Skorpion durchforscht gerne das Dunkel, der Krebs hegt eine nostalgische Sehnsucht nach dem verlorenen Kindheitsparadies: diese Menschen verspüren in sich den Ruf von etwas Unerreichbarem, das aber sehr greifbar und gegenwärtig erscheint. Traum und Erinnerung helfen bei der Erschaffung einer Lebensaufgabe, eines Werkes oder Unternehmens, wobei es aber in gewisser Hinsicht zu einer Art von Extremismus kommen kann (der aber nicht zur Gewalt greift). Der Schlüssel zum Erfolg liegt in der Fähigkeit, die Mitmenschen zu verstehen. Zu den Mängeln dieses Charakters gehört die übergroße Bindung an einen Menschen, an die Familie, an eine Erinnerung, an einen Traum oder an eine Idee, die nicht mitteilbar zu sein scheint und die man eifersüchtig zurückhält.

In der Gefühlwelt besteht die Neigung zur Impulsivität, und diese steht immer in Verbindung mit einer glühenden Phantasie. Im Familienleben kann es zu kleinen Dramen kommen, von außen wird man jedoch nur ein leichtes Kräuseln auf dem Wasser bemerken, denn die tiefsten und stärksten Gefühlsregungen bleiben immer unsichtbar unter der Oberfläche verborgen.

Frauen sind sehr mütterlich und oft auch übertrieben stark um die Kinder und das Wohlergehen der Familie besorgt. Sie gehören zu den Menschen, die morgens mit dunklen Vorahnungen aufwachen. Manchmal träumen sie von einem Märchenprinz mit exotischen Augen, der aber auch ein bißchen skrupellos ist. In ihren Beziehungen kann es durch die überstarke Beteiligung des Gefühles zu Mißverständnissen mit dem Partner und dann zu überstürzten Reaktionen kommen. Männer suchen eine mütterliche Partnerin, die auf ihre Phantasie anregend wirkt.

Sonne im Skorpion und Mond im Löwen

Hier vereint sich die Energie des Skorpions mit dem für den Löwen typischen Wunsch nach Größe. Der Mond nimmt allen Glanz in sich auf und gibt sich rückhaltlos der Phantasie hin. Die Skorpion-Sonne führt jede Neigung ins Extrem, und so entsteht ein leidenschaftliches Wesen voller Wünsche, Begierden und mit lebhaften Erwartungen. Die starke Anziehungskraft kann auch zur Manipulation anderer Menschen eingesetzt werden. Die Horoskopeigner haben ein starkes Bedürfnis, »jemand« zu sein, aufzufallen und sich Respekt zu verschaffen. Durch ein gewisses Maß an Arroganz kann es zu Zusammenstößen mit der unmittelbaren Umgebung kommen; auf jeden Fall ist die verfügbare Energie sehr groß, und Menschen dieser Konstellation können beachtliche Erfolge erzielen, vorausgesetzt, sie wollen nicht allzu hoch hinaus. Dies ist jedoch eine vergebliche Empfehlung für den Mond im Löwen, der den Erfolg fordert. Die Geborenen verfügen über echte Führungsqualitäten, auch aufgrund ihres Weitblicks, ihres psychologischen Einfühlungsvermögens und ihrer Fähigkeit, in heiklen Augenblicken einen kühlen Kopf zu bewahren.

Es liegt jedoch ein großer Widerspruch in dieser Persönlichkeit: nicht immer weiß der Horoskopeigner, was er will, oder seine Entscheidungen werden durch Zweifel und Skrupel blockiert. Sinneswandel und egozentrisches Verhalten sind typische Elemente dieser planetaren Verbindung. Menschen dieses Typs lassen sich nicht leicht auf eine Situation ein. Sie sind von ihrem eigenen Wert überzeugt, doch im Grunde fürchten sie sich ein wenig, den Beweis dafür erbringen zu müssen. Sie wollen auf jeden Fall den Erfolg und finden sogar die eigenen Schwächen noch bewundernswert.

Entscheidungen im Gefühlsbereich werden instinktiv getroffen. In jungen Jahren läßt man sich deutlicher von den Leidenschaften lenken, mit wachsendem Alter versucht man diese jedoch zu meistern. Die meisten dieser Horoskopeigner erleben einige dramatische Veränderungen in ihren Beziehungen. Männer sind eifersüchtig und besitzergreifend und suchen eine auffallende Partnerin. Frauen sind eher stolz und unnachgiebig.

Sonne im Skorpion und Mond in der Jungfrau

Diese Zeichen scheinen einander fundamental zu widersprechen, der Skorpion ist in gleichem Maß rebellisch und unordentlich wie die Jungfrau diszipliniert und methodisch vorgeht. Das eine Zeichen ist leidenschaftlich und instinktbetont, das andere übt sich in Selbstbeherrschung. Bei näherer Betrachtung sehen wir jedoch, daß die beiden Zeichen unterschiedliche Phasen des gleichen Problems darstellen, nämlich der Entscheidung, bis zu welchem Punkt man sich beherrscht bzw. ab wann man sich gehen läßt. Bei dieser Kraftprobe zwischen Vernunft und Instinkt gibt es nicht unbedingt einen Sieger. Die intellektuellen Anstrengungen des Mondes in der Jungfrau können den entschiedenen Vorhaben des Skorpions durchaus gelegen kommen, dem es normalerweise an Methode mangelt und der gerne improvisiert. Seine Absichten und Vorhaben können dadurch an Klarheit gewinnen. Gelegentlich versucht das unterdrückte Empfinden der Jungfrau, der Skorpion-Sonne ihre Befriedigung zu untersagen. Oder der Jungfrau-Mond versucht, mögliche Fehler der Sonne im Skorpion zu korrigieren. Ein so veranlagter Mond kann ein belastender Gefährte sein für Geist und Gemüt – wie ein dunkler Schatten ist er immer vorhanden, auch wenn er nicht im Vordergrund steht.

Die Erregtheit des ständig besorgten und mit sich beschäftigten Skorpions kann sich mit der Unruhe der Jungfrau zu einer gefährlichen Spannung oder Unsicherheit verbinden. Soll man am Rande des Kraters stehenbleiben, zusehen und überlegen, oder soll man sich in die brodelnde Lava stürzen und sich dabei verbrennen? Einerlei ob die Antwort im Sinne von gehemmter Emotionalität oder von anarchischer Sinnlichkeit ausfällt, auf rein intellektueller Ebene ist diese Konstellation sehr günstig für Wissenschaft und Forschung, weil hier die Neugier des Skorpions und die Abstraktionsfähigkeit der Jungfrau zusammenarbeiten können. Sowohl Intuition wie Kalkül filtern die Realität. Eine typische Eigenschaft für diese Kombination ist ihr kritischer und polemischer Geist, der auch vor Selbstkritik und Perfektionismus nicht haltmacht. Er verfügt ferner über organisatorische Fähigkeiten und ein gewisses Maß an Opportunismus, wenn er Unterstützung sucht.

Im Gefühlsleben siegt meist die Selbstdisziplin sowie Angst davor, sich zu sehr auf etwas einzulassen, wobei es auch zu neurotischen Symptomen kommen kann. Männer suchen nach einer disziplinierten, intellektuell gereiften Partnerin, die ihnen helfen kann, ihre anstrengenden emotionalen Schwankungen auszugleichen. Frauen wünschen einen nüchternen, nicht allzu anspruchsvollen Mann, wären aber besser beraten, sich jemandem zuzuwenden, der ihnen hilft, ihre Bedürfnisse unbekümmerter auszuleben.

Sonne im Skorpion und Mond in der Waage

Die Sonne in dieser Position stellt große Erwartungen an das Leben und weicht selbst dann nicht gerne aus, wenn der Mond in der Waage allen Komplikationen lieber aus dem Weg gehen und sich an ästhetischer Raffinesse erfreuen möchte. Die Neugier des Skorpions kann beim Waage-Mond die Fähigkeit wecken, zu staunen und immer Neues entdecken zu wollen. Beiden Zeichen ist gemeinsam, daß sie die Mitmenschen gut und leicht verstehen. Das Sonnenzeichen erreicht dies durch gründliches Forschen und Beobachten, während das Mondzeichen imstande ist, unterschiedliche Gesichtspunkte zu erfassen, wenn auch auf distanzierte und verstandesbetonte Weise. Der Skorpion ist von Natur aus überkritisch, sucht immer den Schönheitsfehler, die schmerzende Stelle, die es zu kurieren gilt. Auch die Waage will alles ausschalten, was ihr Schönheitsgefühl stören könnte, indem sie um Ästhetik und Harmonie bemüht ist. (Der Skorpion ist allerdings wesentlich weniger schamhaft). Geeignete Berufe für diese Konstellation wären z.B. Kosmetikerin, Arzt oder Sozialarbeiter.

Der Mond in der Waage besitzt ebenso eine frivole und snobistische Seite und sorgt sich ständig um die Meinung der anderen, während der Skorpion in der Regel auf Kritik und Urteile von außen rebellisch und unduldsam reagiert. Diese unterschiedlichen Wesensseiten können zwar nebeneinander existieren, werden aber nie miteinander verschmelzen. Menschen mit Mond in der Waage wirken durch ihren guten Geschmack gefällig und harmonisch. Diese Geborenen sind aber häufig durch die Skorpion-Sonne versucht, andere zu manipulieren. Sie sind nicht unredlich, aber auch nicht wirklich ehrlich. Ihr größter Fehler ist nicht ihr Opportunismus (wer ist schon nicht opportunistisch?), sondern ihr extremes Verhalten und dabei ist doch gerade das Gleichgewicht ihre größte Sorge!

Diese Konstellation erweist sich als günstig für das Liebesleben, sie vereint Instinkt und Intensität mit Geselligkeit und Harmonie. Männer suchen eine Frau, die sie in ihren Tätigkeiten unterstützen kann und die keine Eifersuchtsprobleme schafft. Frauen werden einen Partner suchen, der ihr Bemühen, anders zu sein, würdigt, und dem sie sich, was gemeinsame intellektuelle Interessen betrifft, anpassen können.

Sonne im Skorpion und Mond im Skorpion

Hier erlangen die beiden kosmischen Lichter eine unbezähmbare und nahezu grausame Energie, verbunden mit der Tendenz zu einer einseitigen und übertriebenen Sichtweise. Jeder Gedanke wird umgesetzt und bis zu seinem Extrem geführt. Zwar handelt es sich bei dieser Konstellation nicht um blinde Impulse, auch sind alle forschenden und intuitiven Fähigkeiten des Zeichens vorhanden; dennoch bleibt immer eine triebhafte Neigung, den vorgegebenen Rahmen zu sprengen. Es fehlt an der Fähigkeit zur Zusammenarbeit und die Horoskopeigner erklären ihre Absichten nicht eindeutig: das gehütete Geheimnis ist ein bequemer und praktischer Panzer, der dem Skorpion ausgezeichnet steht und seine Faszination noch erhöht.

Menschen mit dieser Kombination verstehen es, andere in ihren Bann zu ziehen. Nötigenfalls können sie diese manipulieren, denn sie erahnen deren heimliche Schwächen und legen den Finger direkt in die offene Wunde. Diese Konstellation zeichnet Willenskraft und eine wache Intelligenz aus, sie kann aber auch besitzergreifende, eifersüchtige, widersprüchliche, rachsüchtige und überkritische Persönlichkeiten hervorbringen. Gelegentlich kann man sich des Eindrucks nicht erwehren, daß diese Menschen geradezu nach Problemen suchen, auch wenn sie eigentlich keine haben, nur um sich selbst zu beweisen, daß sie imstande sind, diese zu überwinden. Deshalb sagt man vom Skorpion auch, er sei das Zeichen der Krise. Immer aber meistert er den Tiefpunkt mit Bravour und ist bereit, wieder von vorne zu beginnen.

Die Horoskopeigner sind loyal, aber nicht immer ehrlich. Häufig erzählen sie ihrem Gesprächspartner genau das, was jener hören will, doch in wichtigen Dingen erweisen sie sich des Vertrauens würdig und können ehrlich sein bis zur Grausamkeit. Sie sind von beachtlichen Antriebskräften geleitet, manchmal auch ein wenig sadistisch, doch ist beim Zeichen Skorpion eigentlich alles widersprüchlich und so kann auch ein gewisses Maß an Masochismus eine Rolle spielen.

Im Gefühlsbereich suchen sie gerne die dramatische Leidenschaft, die absolute Intensität, die sie im Guten wie im Schlechten das Leben empfinden läßt, sei es in Ekstase oder in Angst. Sie können eifersüchtig sein, ambivalent, großzügig oder grausam; Sexualität kann ihre Stärke oder aber ihre Schwäche sein. Die Kräfte des Eros können sie vorwärtstreiben, zurückwerfen oder innerlich zerreißen – doch immer wieder werden sie unerschütterlich von neuem beginnen.

Häufig projizieren sie ihre eigene Schuld auf andere oder umgekehrt. Männer sind stürmische Liebhaber, Frauen verkörpern oft den Typ des Vamps, der »Männer verschlingt«. Diese Geborenen suchen im anderen sich selbst, die gleiche Leidenschaft und die gleiche Vorliebe für die dunkle Seite, für das Morbide und Fremdartige. Dabei täten sie vielleicht besser daran, sich einem Stier-Typ zuzuwenden, der ihnen gegensätzlich, aber imstande ist, sie zu erden, indem er ihrem »höllischen« See ein Ufer verleiht. Die Frauen kann man mit der mythischen Lilith vergleichen, der ersten Frau Adams, die sich ihm nicht ergeben wollte: ein weiblicher Dämon, der im Grunde sich selbst größeren Schaden zufügte als Adam, welcher als Ersatz die nachgiebige Eva erhielt.

Sonne im Skorpion und Mond im Schützen

Dies ist eine leidenschaftliche Konstellation. Die Horoskopeigner sind bereit, sich in abenteuerliche, seltsame und herausfordernde Situationen zu begeben. Sie lieben die Exotik, das Andersartige und riskieren es, in einer Opferrolle zu verbrennen, die das Feuer-Element im Schützen erhellt: alles ist Erwartung, Elan, Reinheit und Glaube. Ihre Furchtlosigkeit kann naiv sein bis zum Leichtsinn. Auch wenn der Skorpion ein von Intuition geprägtes Zeichen ist, dem wenig entgeht; es bleibt immer die Gefahr, aus dem Gleichgewicht zu geraten, denn der Mond im Schützen träumt zwar vom Abenteuer, doch ist sein Traum oft von dogmatischen Moralvorstellungen geprägt. Der Skorpion träumt dagegen nicht, sondern ist eifrig mit der Realisierung seiner Ideen beschäftigt. Hat er seinen Weg gefunden, so geht er ihn, im Guten wie im Bösen. Hier vereinen sich Wasser und Feuer, der Geist befindet sich in Aufruhr, jede Ruhe ist vergessen und keine Methodik ist bekannt. Häufig besteht der Wunsch, für ein moralisches Ideal zu kämpfen, die Weltsicht ist aber einseitig und allzu subjektiv, und so nimmt der Enthusiasmus leicht fanatische Züge an. Im sozialen Leben wird mancher Widerspruch deutlich: Menschen mit dieser Konstellation sind einerseits ein wenig konservativ und andererseits ein wenig fortschrittlich, sie sind auf der Suche nach sich selbst, und können doch ihrer Identität nie sicher sein. Sie sind offenherzig, von brutaler Ehrlichkeit geprägt bis hin zum Fauxpas und sicherlich nicht diplomatisch. Ihr

Elan trägt sie sehr weit, manchmal auch zu weit, und ihr Leben ist gekennzeichnet von Kämpfen, Auseinandersetzungen, Scharmützeln, und genau dies entspricht ihnen eigentlich auch.

In ihrem Gefühlsleben herrscht die Liebe auf den ersten Blick; diese Menschen sind spontan entflammbar. Dabei schwanken sie innerlich zwischen Tugendhaftigkeit und Leidenschaftlichkeit. Liebe ist für sie in gewisser Weise auch Sport, Wettbewerb, Handgemenge. Ihre Energien wollen verbraucht und abreagiert werden. Männer suchen sportliche und leidenschaftliche Partnerinnen, Frauen wenden sich gerne besitzergreifenden und unternehmungslustigen Männern zu. Treue gehört bei beiden Geschlechtern nicht zu den herausstechenden Eigenschaften.

Sonne im Skorpion und Mond im Steinbock

Diese Kombination ist gekennzeichnet von Festigkeit, Ausdauer, Widerstands- und Willenskraft. Die Empfindungsseite bleibt eher unterdrückt und ein ernstes Grundgefühl dominiert. Die Sonne als treibende Kraft muß allein handeln und spürt doch im Inneren die Anzeichen eines Mangels. Der Ehrgeiz des Skorpion hilft, diese Leere etwas zu füllen (die vor allem aus der Angst vor mangelnder Anerkennung stammt).

Auch Hartnäckigkeit und äußerste Konzentration auf die eigenen Ziele reichen nicht aus, denn die Sonne verlangt nach dem Gefühl eines »intensiven Lebens«, welches der pflichtbewußte Mond im Steinbock ihr möglicherweise zu verwehren sucht. Es ist, als ob die Sonne dächte, »ich muß eine Leere füllen, ich werde intensiver leben, ich werde beweisen, daß es die Leere nicht gibt ...«

Menschen mit dieser Konstellation verfügen über große Ausdauer undflüchten sich in Krisenzeiten gerne in die Arbeit. Sie scheinen etwas zu verbergen, was ihnen als Schutzschild und zur Verteidigung dient. Ihr kritischer Geist kann sich unerbittlich gegen sie selbst wenden, so daß sie immer wieder den eigenen Absichten den Prozeß erklären. Permanente Zweifel, Mißerfolge und wiederholter Neubeginn sind üblich in dieser nur scheinbar kühlen und stabilen Konstellation.

Im Gefühlsbereich reagiert der Mond langsam und mit Vorsicht, während die Skorpion-Sonne etwas Drängendes und Schicksalhaftes an sich hat. Die erzwungene Gemeinschaft dieser kosmischen Tendenzen kann zu Widersprüchen führen: Selbst wenn der Horoskopeigner in der Regel weiß, was er will und wie er es bekommt, ist es wahrscheinlich, daß er ein hartes, forderndes, despotisches Verhalten an den Tag legt und unnachgiebig reagiert. Er übernimmt gerne zuviel Verantwortung und steht dadurch unter Druck. Treue ist hier eine ausgeprägte Eigenschaft; diese Geborenen vermeiden zweideutige und kompromittierende Situationen. Männer sehnen sich nach einer Gefährtin, die in ihrem Verhalten berechenbar ist und der die eigene seltsame Schweigsamkeit nichts ausmacht. Frauen können ihre Gefühle auf sozialer oder politischer Ebene sublimieren, sie werden ihr Innenleben aber nicht vernachlässigen. Aufgrund ihres autoritären und etwas distanzierten Temperaments suchen sie manchmal eher passive Männer, doch sind sie glücklicher mit soliden Partnern aus dem Stier- oder Steinbockbereich.

Sonne im Skorpion und Mond im Wassermann

Diese starke, impulsive, manchmal aufrührerische Konstellation verbindet die Energie des Skorpions mit der Wandelbarkeit und Offenheit des Wassermanns. Skorpion ist fragend und forschend, Wassermann kann dieses Suchen auf Projekte und Ideen lenken, die seine Leistungsfähigkeit zum Ausdruck bringen: Idealismus, Motivation, Opfer bringen für eine Idee, Ausdehnung und zugleich Vertiefung, Wissen um den Wandel der Zeiten – all dies gehört zu den Möglichkeiten und Charakteristika dieser Kombination. Aus den verschiedensten Blickwinkeln läßt sich dies auf die Menschen anwenden (sozial, politisch, geschichtlich, helfend etc.) Die Konstellation verleiht große psychologische und analytische Fähigkeiten. Anderen zu helfen kann dabei sehr wichtig sein, doch geschieht dies immer auf einem sehr individuellen Weg. Der Horoskopeigner zieht es vor, eine menschliche Tugend lieber im Bereich der guten Absichten zu belassen, als daß er Gefahr läuft, die Probleme der anderen allzu hautnah zu erleben. Überhaupt ist er den Mitmenschen manchmal ohnehin eher als »anteilnehmender Beobachter« von Nutzen. Die Phantasie des Wassermanns und die skorpionische Neigung zum Geheimnisvollen können sich im Bereich des Okkulten, der Zukunftsdeutung und der Weissagung treffen.

Von Menschen mit dieser Kombination geht eine ungewöhnliche Faszination aus, sie sind überwältigende Persönlichkeiten und neigen auch in ihrem Intimleben zu außergewöhnlichem Beziehungen, z.B. zu offenen Beziehungen mit experimentellem Charakter. Manchmal werden diese unerwartet abgebrochen und schließlich wieder aufgenommen. Es kann zu einem Aufeinanderprallen der unterschiedlichen Tendenzen kommen: die Sonne folgt ihrem Instinkt und ist unfähig, sich zurückzunehmen, während der Mond eher ein Freund der distanzierteren »höfischen Liebe« ist, der schöngeistigen Gefühle, die aber durchsichtig und zerbrechlich sind und kaum zu Fleisch und Blut werden.

Der Skorpion ist überaus eifersüchtig, der Wassermann hingegen freiheitsliebend, denn er ist sich dessen bewußt, daß alles, was er erlebt, Teil des Universums ist, daß es persönliches Eigentum nicht wirklich gibt und daß auch unser Körper uns nur geliehen ist. Es gibt keinerlei Möglichkeit, diese beiden Auffassungen zu vereinen, es wird immer ein Konflikt, etwas Quälendes bleiben, doch ist die Sonne im Skorpion daran gewöhnt, ihre Widersprüche zu verarbeiten, sich mit ihnen abzufinden und damit zu leben. Männer wünschen sich eine intellektuelle und geistig offene Partnerin. Auch die Frauen suchen nach einem toleranten Lebenspartner. Ihr moralisches Empfinden ist komplex und schwer zu beurteilen.

Sonne im Skorpion und Mond in den Fischen

Hier vereinen sich zwei verschiedene Varianten des Elementes Wasser: dem Wasser der Fische entspricht der Ozean mit der Faszination der Tiefe, während zum Skorpion das Sumpfwasser gehört, das in seiner Trübheit doch von verborgenem Leben wimmelt und die Phantasie zu dunklen Bildern anregt.

Das forschende Denken des Skorpions kann sich entweder dem Okkulten zuwenden oder der Psyche, oder aber den Bedürfnissen des eigenen Körpers, dessen Gefühlen und Schwingungen, dem Wunsch, durch Hingabe und Erotik mit den anderen in Einklang zukommen. Es kann sich ein sensibler, ängstlicher, sehr intuitiver und einfühlsamer Charakter herausbilden, der sich gerne in den Dienst humanitärer Ideale stellt. Andererseits kann der Moralbegriff auch umstritten sein: die Werte des Skorpions können die Menschen dazu bringen, nur für sich selbst Einsatz zu zeigen, wobei die den Fischen angeborene Nachsicht sich selbst gegenüber diesbezüglich noch unterstützend wirkt.

Der Skorpion hat einen sehr klaren Blick, doch der Mond in den Fischen ist Surrealist und kann im Traum gefangen bleiben. Er muß von dieser nebulösen und unklaren Sichtweise, wie sie auch der Jugend eigen ist, zu einer persönlicheren und engagierteren Sicht der Dinge gelangen. In manchen Fällen kann die Egozentrik ein Schutz vor übermäßiger Naivität sein. Die Fähigkeit, die Emotionen anderer zu erspüren, kann hilfreich sein oder beunruhigend. Dieses Wissen läßt sich auch für das Selbst und zum Schaden der Mitmenschen einsetzen. Oder aber man widmet sich dem Wohl der Menschheit, gelangt so zum Frieden, geht aber selbst dabei leer aus. Es kann auch zu einer Persönlichkeitsspaltung kommen, wie das Beispiel des Dr. Jekyll zeigt, dessen Schöpfer R. L. Stevenson selbst diese Konstellation in seinem Horoskop aufweist.

Wenn man imstande ist, den anderen aus seinem Inneren heraus zu spüren, so führt dies zu einer tiefen Vereinigung, doch häufig wird auch eine Neigung zum Dramatisieren deutlich. Man verletzt oder hängt sein Herz an das, was einen leiden läßt. Dies kann durch Kompensation im künstlerischen Bereich gelöst werden.

Frauen sind mystischer und romantischer veranlagt als Männer, doch wenn ihr Instinkt nicht den Zugang zu höheren Bereichen findet, bleibt er in den dunklen Winkeln der Sinnlichkeit gefangen. Männer sind mehr mit ihrer Selbstbehauptung beschäftigt, doch können auch sie zwischen den beiden Extremen ihres Empfindens schwanken.

Sonne im Schützen

Sonne im Schützen und Mond im Widder

In dieser Konstellation, die vom Element des Feuers geprägt ist, kommen Werte wie Männlichkeit, optimistischer Wagemut, Sportlichkeit, Abenteuerlust und Zukunftsorientierung besonders gut zur Geltung. Es handelt sich um ein intensives und erregbares Temperament, das durch seine Leistungsfähigkeit beeindruckt. Menschen mit dieser Kombination wollen sich in den Dienst einer Sache, einer Idee oder einer Bewegung stellen und sich aktiv dafür einsetzen. Es ist ihnen ein Bedürfnis, über sich selbst zu sprechen. Der Antrieb zur Verwirklichung ihrer Ideen wird unterstützt durch ihre enthusiastische und mitreißende Redefähigkeit, die aber auch lästig und geschwätzig wirken kann. Der Glaube drängt zu entschiedenem und konstruktivem, manchmal etwas zerstreutem Handeln.

Ungeduld, Unbeweglichkeit und Naivität gehören zu den hauptsächlichen Mängeln dieser Persönlichkeit. Die lebhaften Gefühle können den Horoskopeigner aufgrund seiner starken Vorstellungskraft in die unwahrscheinlichsten Abenteuer stürzen. Sein Selbstvertrauen erleichtert es ihm, die Initiative zu ergreifen und sich den Mitmenschen zu nähern. Auf den Wirbel der Leidenschaften kann aber schnell Enttäuschung und Bitterkeit folgen, denn es handelt sich hierbei um vergängliche Strohfeuer.

Der Mann sucht eine Partnerin, die ihm in allem gleich ist, die aber auch die Risiken und Erfolge mit ihm teilt. Es sollte eine Frau sein, die schwer zu erobern und zu halten, aber von Vitalität erfüllt ist; oder aber er wendet sich einer Partnerin zu, die er sich unterwerfen kann. Frauen mit dieser Sonne/Mond-Verbindung suchen den gleichen Überschwang, aber in einem passiveren Gefährten.

Sie verkörpern die sportliche Frau, die Amazone, die Göttin Diana als Jägerin oder Verführerin, den weiblichen Kentaur. Der Mann steht ihr jedoch in nichts nach ...

Sonne im Schützen und Mond im Stier

Die Eigenschaften von Jupiter und Venus, die in diesen beiden Zeichen herrschen, schaffen ein Ambiente von Sympathie, Wärme und Extrovertiertheit. Die Abenteuerlust der Sonne treibt den Horoskopeigner voran, und zusätzlich drängt ihn auch noch der Mond im Stier mit seinem Bedürfnis nach greifbaren Ergebnissen. Diese Menschen lieben die Sicherheit und Stabilität, wie sie Familientraditionen, bewährte moralische Vorstellungen oder die Lehren der Mutter Erde enthalten. Der Stier bewegt sich in der Natur sehr beständig, während der Schütze am liebsten zum Tier oder Kentaur werden und in die Unendlichkeit entlaufen möchte.

Es kann zu einer gewissen Wankelmütigkeit zwischen der häuslichen Wärme und Harmonie einerseits und dem Glauben an die Zukunft andererseits kommen. Die Horoskopeigner möchten sich dann nicht allzu fest im Boden verwurzeln. In dieser Konstellation gibt es große Zuneigung und große Leidenschaft, oder zumindest Interesse an etwas Eindeutigem, an das man glauben und für das man sich einsetzen kann. Dafür kämpft man bis zum äußersten. Hier finden wir ausgezeichnete Lehrer und hervorragende Autoritätspersonen.

Gewissenhaftigkeit gehört zu den typischen Merkmalen der Konstellation und kann bis hin zur Pedanterie ausarten. Der Sinn für Humor wird nicht immer geschätzt und manchmal kommt es dadurch zu Mißverständnissen.

Menschen mit dieser Kombination besitzen eine ausgeprägte Sinnlichkeit und verlangen nach stabilen und gesetzlich anerkannten Bindungen. Beide Geschlechter suchen die Einfachheit, das, was natürlich und gesellschaftlich akzeptiert ist.

Sonne im Schützen und Mond in den Zwillingen

Der Mond in den Zwillingen bringt eine Unruhe hervor, auf welche die Sonne mit dem Bedürfnis nach Bewegung reagiert. Sie will sich auf die Suche begeben und nach den Ursachen für ihre Zweifel suchen. Forschung, Studium, Reisen, Umgebungswechsel können typisch für dieses nomadenhafte Wesen sein, das jedoch immer in Verbindung mit dem intellektuellen Bedürfnis nach Wissen und Weisheit steht. Die Ernsthaftigkeit des Schützen und die Verspieltheit der Zwillinge können bei ihrem Aufeinandertreffen zu einer starken Spannung führen, aus der heraus man nur schwer zu einer Entscheidung findet. Die Lust auf Abenteuer und Entdeckung, die Neugier auf Unbekanntes und Fremdartiges kann eine innere Unzufriedenheit hervorrufen, die zwar zu intellektuellen Leistungen führt, aber der inneren Ruhe abträglich ist. Freude an Spielereien des Intellekts werden zum Selbstzweck, es bleibt dabei aber ein gewisses Schuldgefühl oder Unsicherheit.

Im Gefühlsbereich suchen die Horoskopeigner nach dem mitreißenden und begeisternden Abenteuer, wobei aber ein Widerspruch besteht zwischen der Sehnsucht nach einer idealistischen und legalisierten Liebesbeziehung und der Leichtfertigkeit und Unbeständigkeit, die sich unter diesem Deckmantel von Verpflichtung bemerkbar machen. Die Gefühlsreaktionen können unterschiedlich ausfallen, sei es Hingabe, ein Zurückschrecken oder gar der Wunsch nach Rückzug. Die Loyalität des Schützen wird durch die Leichtfertigkeit der Zwillinge abgeschwächt, doch die Objektivität und Fähigkeit, die verschiedenen Seiten eines Problems zu erkennen, bleiben bestehen. Männer suchen eine lebhafte, intellektuelle aber nicht zu komplizierte Partnerin. Frauen sind auf der Suche nach einem Gefährten, der sich ihrem Bedürfnis nach Bewegung, nach Reisen und neuen Anregungen anpaßt.

Sonne im Schützen und Mond im Krebs

Die beiden Zeichen verstärken einander in der Intensität der Emotionen, in der Reisefreudigkeit und im Wunsch, vom Leben das Beste zu erhalten. Für den Schützen sind Gefühle dabei leidenschaftlicher Natur, während sie für den Krebs ein unbestimmtes Sehnen und schwer zu bestimmende Empfindungen darstellen. In Menschen mit der Sonne im Schützen weckt das Reisen und Suchen den Wunsch, das Unbekannte zu erforschen. Sie sind aber auch ganz einfach von allem Exotischen angezogen. Der Krebs dagegen unternimmt seine Reisen im Geiste, es handelt sich hier eher um Reisen in der Zeit als im Raum, oder sie sind ganz im mystischen Sinne zu verstehen. Die dem Schützen eigene Sehnsucht nach einem erfüllten Leben, mit all seinem Glauben und Optimismus findet ihre Entsprechung im Bedürfnis des Krebses nach Wohlstand und Bindung, in seinem immensen emotionalen Verlangen. In jedem Fall ist die Vorstellungskraft sehr angeregt und drückt sich in einer erhabenen, phantasievollen und manchmal übertriebenen Sprache aus. Die Sonne versucht, sich zu erheben, der Mond liefert ihr formbares Rohmaterial und verlangt von ihr, daß sie romantisch, poetisch und anmutig wirken soll. Das Tagesgestirn kann zur Kreativität animiert werden, doch wird es immer eine Auseinandersetzung zwischen dem Wunsch nach Ausdruck und dem Bedürfnis nach Verinnerlichung geben.

In ihren Gefühlen neigen die Geborenen zum Exzeß und sind wenig stabil, dafür aber wagemutig und immer auf einen zu erreichenden Traum gerichtet. Männer fühlen sich zu einer Frau hingezogen, die sie idealisieren und von der sie ein Gefühl der Geborgenheit und ständigen emotionalen Versorgung beziehen können. Frauen sind mütterlich veranlagt und sowohl für die häuslichen als auch die »äußeren« Seiten des Lebens wie Reisen oder soziale Verpflichtungen, empfänglich. Sie lieben die Bequemlichkeit mehr als den Sport, obwohl sie für beides Interesse empfinden. Ihre Abenteuerlust projizieren sie möglicherweise auf den Partner.

Sonne im Schützen und Mond im Löwen

Diese Kombination hat sowohl spirituelle wie leidenschaftliche Seiten, sie verleiht Weitblick und hohe Ideale. Es handelt sich um eine vom Glück begünstigte Verbindung, gekennzeichnet von Wärme, Optimismus, Vertrauen zu sich selbst und zum Leben – alles Eigenschaften, die die Kontakte zu den Mitmenschen sehr erleichtern. Die sich gesetzten Ziele fallen meist aus dem Rahmen, sind großartig und von hohem ideellen Wert. Der Arbeitsrhythmus dieser Horoskopeigner ist meist sehr intensiv. Sie geraten leicht in Erregung, malen ihre Träume aus und erzählen sie anderen, als ob sie für alle wichtig sein müßten. Sie sind voller Zuversicht und Glauben.

Auch im Gefühlsbereich wollen sie hoch hinaus: sie hoffen auf die große Liebe, die entweder die Vorstellungen beherrscht oder, dank einer nie erlöschenden Leidenschaft, ewig dauert. Bei Kleinigkeiten jedoch kann es zu Problemen kommen, denn sie fühlen sich im Umgang mit den Banalitäten des Alltags und der schnöden Materie nicht so recht wohl.

Dieser Charakter ist absolut loyal, hohen Idealen verpflichtet und übernimmt Verantwortung für sein Handeln und Empfinden. Es kann lediglich daraus ein Problem entstehen, daß der Geborene davon überzeugt ist, ausschließlich seine eigenen Ansichten seien die einzig richtigen oder wichtigen. Durch diese Selbstzentriertheit kann er im gesellschaftlichen Zusammenleben auch hochmütig und bissig reagieren.

Männer verstehen sich in der Regel als »Ehrenmänner« und wünschen sich eine auffallende Partnerin, die voller edler Absichten und den frivolen und vergänglichen Dingen gegenüber gleichgültig sein soll. Frauen haben einen ähnlichen Geschmack, jedoch mit einem größeren Bedürfnis, im Mittelpunkt der Aufmerksamkeit zu stehen oder innerhalb der Beziehung eine führende oder beherrschende Rolle einzunehmen; sie entscheiden sich daher häufig auch für einen passiven, aber sensiblen Partner, dessen Ehrgeiz sie anspornen können.

Sonne im Schützen und Mond in der Jungfrau

Hier finden wir vor allem die Wesenszüge Urteilsfähigkeit, Lerneifer, Forscherdrang, Freude an der Statistik, aber auch eine gewisse Geschäftstüchtigkeit. Der leichte Wechsel von einer Gesamtschau der Dinge zu einer detaillierteren Betrachtungsweise und umgekehrt ist ausgeprägt. Der Charakter zeigt gewisse Unstimmigkeiten, denn er ist ständig im Zweifel darüber, ob er auf die Stimme seiner eigenen Vernunft hören oder sie lieber nicht beachten soll. Die Sonne begeistert sich für Abenteuer und Bewegung, für eine Idee, die beflügelt und begeistert, doch auf einer tieferen Ebene mahnt der Mond zur Vorsicht. Er rät, lieber nichts zu riskieren, wenn man sich des zu erwartenden Ergebnisses nicht sicher sein kann. Besser man läßt sich nicht zu intensiv auf etwas ein, wenn dies bedeuten könnte, daß man auf die eigene Fähigkeit, zu entscheiden, zu wählen, zu tun oder zu lassen, verzichten müßte.

Die Sonne ist wie erstarrt, denn der Horoskopeigner flüchtet sich gerne in eine moralische und formale Weltsicht, in welcher aus einer gewissen Scham heraus nur mehr Raum für jene Handlungen und Emotionen besteht, die die Vernunft gutheißen kann. Optimismus und Pessimismus können einander in gegensätzlichen Phasen abwechseln. Man erlebt Phasen großer Selbstsicherheit und starken Selbstvertrauens und dann wieder plagen einen heftige Zweifel und nagende Selbstkritik. Dieser Charakter ist eher starr und wenig formbar, aber er sichert das Bestehen sämtlicher geistigen Werte des Schützen und fügt ihnen noch erhöhten Realismus hinzu.

Im Gefühlsbereich haben es solche Menschen nicht einfach: sie verspüren Lust auf Abenteuer und verzichten doch wieder darauf, sei es aus Vorsicht oder vor lauter Mißtrauen. Männer suchen hier nach intellektuellen Frauen und fühlen sich in keinster Weise von exhibitionistischen oder vulgären Persönlichkeiten angezogen. Die Partnerwahl fällt bei diesen Menschen häufig eher konventionell aus, nämlich unter dem Aspekt der Sicherheit. Danach aber trauert man dann um jene Augenblicke der Verrücktheit, um die man sich auf diese Weise gebracht hat. Ideal wäre ein Partner, der einen mitreißen kann, vorausgesetzt die kritische Einstellung und das Mißtrauen der Jungfrau stören ihn nicht.

Sonne im Schützen und Mond in der Waage

Diese Konstellation ist von Harmonie geprägt: die Lebensfreude Jupiters drängt dazu, sich großzügig zu öffnen und die verschiedensten Erfahrungen zu sammeln. Der Geist richtet sich nach ganz individuellen Begriffen von Schönheit, urteilt und vergleicht sehr wohl, kritisiert oder polemisiert dabei aber nicht. Es handelt sich um einen ehrlichen, warmherzigen und treuen Charakter, der kontinuierlichen zwischenmenschlichen Kontakt benötigt. Das Streben nach Gleichgewicht, ausgelöst vom Mond, verbindet sich hier mit der inneren Notwendigkeit, sich nach hohen Idealen zu richten, was für die Sonne im Schützen typisch ist. Die Anpassungsfähigkeit ist groß, und es besteht der echte Wunsch, Beziehungen auf ernsthafte und ehrliche Weise gedeihen zu lassen. Diese Kombination respektiert die klassischen, traditionellen Werte.

Im Gefühlsleben neigt die Schütze-Sonne zu Engagement, während der Mond in der Waage diese Bestrebungen auf die Beziehung von Angesicht zu Angesicht richtet, verbunden mit einem überragenden Wunsch, zu verstehen und zu assimilieren. Der Mond verleiht der Leidenschaft der Sonne eine elegantere und anmutigere Form sowie mehr Heiterkeit. Ästhetisches Empfinden, Taktgefühl, Raffinesse und Phantasie vereinigen sich in dieser Person, aber Unentschlossenheit oder Skrupel können hier die negative Eigenschaft sein. Die Wahl der Männer fällt in der Regel auf eine ästhetisch orientierte Partnerin von ausgesuchter Eleganz, die auch eine anpassungsfähige Mitarbeiterin sein soll, der sie aber einen gewissen heiteren Snobismus zugestehen. Frauen verfügen nicht nur über die Lebenskraft und Liberalität des Schützen, sondern auch über die für eine Partnerschaft nützliche Gabe der Anpassungsfähigkeit. Sie wird nach einem Mann suchen, dem sie sich ganz widmen kann, der aber das richtige Maß an gutem Aussehen und Esprit besitzen muß. Die Verbindung der beiden Sternzeichen führt zu einem eher unbeständigen Temperament, das leicht einer »Liebe auf den ersten Blick« erliegt.

Sonne im Schützen und Mond im Skorpion

Dieser Charakter ist charismatisch, leidenschaftlich und neigt zur Übertreibung. Die Sonne im Schützen liebt das Risiko und das Abenteuer, der Mond im Skorpion hingegen die Intensität und die Dramatik. Menschen mit dieser Konstellation verspüren das Bedürfnis, sich zu befreien oder sich auf etwas einzulassen und dabei alles zu riskieren. Der Optimismus Jupiters drängt zum Handeln, doch der Mond im Skorpion richtet sich auf Ziele, die unklar oder auch widersprüchlich sind. Es sind beträchtliche Energien im Spiel, doch es besteht die Gefahr, daß sie einfach zugrundegehen. Manchmal übernimmt die Kühnheit das Kommando, außerdem kann die Erregung des Mondes die Sonne in eine mühevolle Suche zwängen. Sie liebt Klarheit und Loyalität, fühlt sich aber durch die dunkleren Windungen des eigenen Ich beunruhigt, in dem sie immer wieder Impulse entdeckt, die sie zurückweisen oder sublimieren will.

Das erotische Element ist hier sehr stark vorhanden. Im Bedürfnis, sich ganz gehen zu lassen, siegt der Kentaur (die animalische Seite) über den Schützen, der seinen Pfeil ins Unendliche schnellen läßt. Die Leidenschaftlichkeit ist gepaart mit stark nach außen gerichteten Antrieben, kann aber auch diszipliniert und nach innen, auf die eigene Person gewendet sein.

Männer wenden sich meist einer sehr leidenschaftlichen Frau zu, die sie begeistern oder durch ihre Intensität alles vergessen lassen soll. Frauen sind angriffslustig, besitzergreifend und eifersüchtig. Sie können auch treu, großzügig und loyal sein, solange alles ihren Erwartungen entspricht. Werden sie aber enttäuscht, tritt das genaue Gegenteil davon ein, bis hin zu quälendem und neurotischem Verhalten. Sentimentale Belanglosigkeiten weisen diese Horoskopeigner strikt von sich. »Alles oder nichts«, so lautet ihr Motto. Ruhe ist für sie ein schwer zu erreichendes Ideal, dafür ist aber auch Langeweile hier praktisch so gut wie ausgeschlossen.

Sonne im Schützen und Mond im Schützen

Der Geborene orientiert sich bei dieser Verbindung an einer moralischen Sicht der Dinge, an Gerechtigkeit, Großzügigkeit, Achtung vor den überlieferten Werten und den Bedürfnissen der Mitmenschen. In der Regel ist er extrovertiert. Er will die Freuden und Vorteile genießen, die das Leben ihm bietet, und deshalb öffnet er sich auch den anderen gegenüber. In dieser Position ist sowohl die Möglichkeit hoher, ja geradezu dogmatischer Moralvorstellungen als auch die des außergewöhnlichen Abenteuers eingeschlossen. Ihr idealistischer Geist ist fähig zur Selbstzerfleischung durch die äußerste Hingabe an einen fanatischen Glauben, eine Idee oder Mystik. Aber alles muß in eine soziale Struktur eingepaßt sein und erprobte Wege gehen. Auch die Freude am Reisen und die Träume von fernen Horizonten haben etwas seltsam Konkretes und Allgemeines, es gibt keine krankhafte Neugier und kein unkonformes Verhalten. Wer unter dieser Konstellation steht, ist liberal, euphorisch, optimistisch, verschwenderisch und oft allzu vertrauensselig. Ernsthaftigkeit gehört zu den besonderen Eigenschaften, denn hinter der zur Schau getragenen Gutmütigkeit und Fröhlichkeit steht immer auch ein Einsatz für die Ideale des Lebens. Eine Neigung zur Nachdenklichkeit, zu Philosophie und Religion liegt ebenso vor, allerdings kann diese etwas verallgemeinernd sein, bis hin zu systematischer Blindheit.

Im Gefühlsleben wirkt sich diese Konstellation günstig aus. Sie ist anziehend und voller Wärme. Der Mann entspricht oft dem Prototyp des »pater familias«, der den traditionellen Werten verhaftet ist. Er sucht eine sportliche Frau, die aus dem Rahmen fällt. Frauen können sich von einer Beziehung in die nächste bewegen und dabei jedem Mann Anträge machen. Treue ist hier möglich, aber nur wenn keine Langeweile aufkommt und Sicherheit und Komfort gewährleistet sind.

Der Mythos verweist uns hier natürlich auf die Kentauren, die den Instinkt verkörpern (der untere Teil dieser Vierbeiner), welcher im Schützen sublimiert werden muß, der den Pfeil ins Unendliche schießt. Dies ist die grundlegende Dialektik des Schützen.

Sonne im Schützen und Mond im Steinbock

Die Gedanken sind tief und weitblickend, sowohl im methodischen Sinne (Rechnen, Vorhersagen, wirtschaftliches Denken) als auch im synthetischen Bereich (Strukturalismus, Gesamtschau). Der Mond im Steinbock läßt sich nicht von den starken Emotionen der Sonne stören, er versucht vielmehr mit Festigkeit und Ehrgeiz, den Elan auf praktische, soziale und politische Ziele zu richten und gehorcht dabei einer rationalen Weltsicht. Wenn die Ideale des Schützen dies akzeptieren können, so haben wir es mit dem Politiker zu tun, der in gutem Glauben handelt. Es kann aber auch der kluge und nicht zu fanatische Idealist sein. Gibt sich die Sonne damit noch nicht zufrieden, dann geht es um die höhere Forschung, um philosophisches, historisches und metaphysisches Denken. Diese Kombination ist günstig für Studium und langfristige Pläne und ergibt ausgeprägten politischen Opportunismus. Banalität und verlorene Zeit sind einem verhaßt.

Ehrgeiz und Moral beeinträchtigen ein wenig das Gespür für die wesentlichen Nuancen, um den Kern einer Beziehung zu begreifen. Gelingt es, die eigene Strenge zu überwinden, so entsteht ein Charakter, der in Liebesdingen zu den treuesten und verläßlichsten überhaupt zählt und imstande ist, im Lauf der Jahre das gegenseitige Verstehen zu vertiefen (anstatt es verflachen oder abkühlen zu lassen). Man verleiht dem Liebesleben eine deutlich realistische Färbung, die auf dem Dauerhaften und nicht auf Illusionen aufbaut.

Frauen dieses Typs sind nicht besonders mütterlich oder häuslich. Aufgrund ihrer ausgeprägten Vitalität kann bei der Partnerwahl durchaus auch Karrieredenken eine Rolle spielen. Auf jeden Fall werden sie eher einen reifen und soliden Mann wählen. Männer suchen eine starke, wenn auch nicht zu mütterliche Frau, die ihnen zur Seite steht und ihre Gedanken und ihren Ehrgeiz inspiriert. Seichtes Vergnügen sollte nicht zu ihren Eigenschaften zählen.

Sonne im Schützen und Mond im Wassermann

Unter dieser Konstellation herrscht eine intuitive Sichtweise vor, die imstande ist, sich zu erweitern und viele unterschiedliche Elemente in sich aufzunehmen. Die Interessen umfassen humanitäre, intellektuelle und wissenschaftliche Themen, und es besteht der Wunsch, die eigene Bildung zu erhöhen, den Sinn des Lebens und das Wesen des Menschen zu verstehen.

Für die Horoskopeigner ist es eine innere Notwendigkeit, von einer Utopie zu träumen und sich für deren Verwirklichung in diesem Leben einzusetzen. Sie sind von einem Enthusiasmus durchdrungen, der ihr ganzes Wesen erfaßt. Zu ihnen gehört ein wirkungsvolles und großzügiges Redetalent, ein Bedürfnis nach Erneuerung und nach individueller Anpassung an die Gegebenheiten der Zeit, ohne dabei jemals Gewalt oder anarchistischen Tendenzen zu ergreifen. Die beiden Zeichen verstärken sich gegenseitig in dem Wunsch, nützlich zu sein, zu teilen, organisieren und sich einer Sache zu widmen, die absolut nichts mit der alltäglichen Banalität zu tun hat.

Dieser Wunsch findet sich manchmal auch im Gefühlsleben wieder, wo der Enthusiasmus des Schützen mit dem Freiheitsdrang und Wunsch nach Distanz des Wassermanns in Einklang gebracht werden muß. Die moralischen Werte lassen keinen Zweifel an der Treue, am gegenseitigen Verständnis und an dem Bedürfnis nach ständiger Verfeinerung der Beziehung. Menschen mit dieser Konstellation vermeiden gewöhnliche und eintönige Kontakte. Sie gehen auch solchen Partnerschaften aus dem Weg, die nur aus Tragödien oder ekstatischen Höhepunkten zu bestehen scheinen, aber wenig Raum für eigene innere Entwicklung und für Freundschaften lassen. Vor allem Frauen sind sehr unabhängig und verteidigen ihre eigenen Ideen mit großer Energie. Ein Liebesabenteuer ist für sie insoweit von Interesse, als es ihnen keine erdrückende Verantwortung auferlegt, denn sie wollen keinen anspruchsvollen oder eifersüchtigen Partner. Die Männer suchen nach einer Partnerin, die sie idealisieren und zum Mittelpunkt ihrer Gedanken machen können. Sie soll intellektuell sein, modern, den Fragen des Geistes zugänglich.

Sonne im Schützen und Mond in den Fischen

Diese lebensfreudige Konstellation stellt sich gerne in den Dienst der anderen oder versucht, in ihnen edle Gefühle und den Sinn für eine höhere Wirklichkeit zu wecken. Solche Menschen können sehr anziehend, inspiriert und geradezu prophetisch auf andere wirken. Wenden sie sich jedoch der Religion oder sozialen Problemen zu, erliegen sie oft einer übertriebenen und trügerischen Verklärung der Dinge. Der Sinn für das Unendliche durchdringt auf jeden Fall das Wesen dieses Menschen – erhellt oder verdunkelt seinen Weg. Nichts bei dieser Konstellation ist banal oder kleinlich, denn sie versucht mit aller Kraft, das Tier im Menschen zu bezwingen und das vollkommene Geschöpf zu schaffen, das in Harmonie mit der Natur und dem Universum lebt. Diese etwas leichtgläubigen Absichten können natürlich von anderen ausgenützt werden, denn die Horoskopeigner wirken in ihrem unbedingten Vertrauen an die menschliche und göttliche Gerechtigkeit schutzlos und verletzlich. Auch die entgegengesetzte Tendenz kann sich manifestieren, nämlich Zweideutigkeit und intellektuelle »Urkundenfälschung«. Wir dürfen nicht vergessen, daß dies eine Kombination im ersten Mondviertel ist, die somit zu Extremen, zu impulsiven und emotionalen Entscheidungen neigt.

Im Gefühlsleben wird die vorhandene Leidenschaft häufig geläutert; die Körperlichkeit wird überwunden und transformiert sich zur Vereinigung der Seelen. Die Liebesziele sind erhaben und sehr idealistisch, ja fast irreal. Nicht weil man von einem Wesen träumt, das schon geradezu »übervollkommen« ist, sondern weil das angestrebte Verhältnis so harmonisch sein soll. Man verliebt sich, verklärt den Partner und verzweifelt schließlich daran, daß er nicht dem mythenhaften Ideal entspricht. Die Ideen sind schwer zu verwirklichen, aber sie stimulieren und regen die Phantasie an. Frauen sind hier eher mystisch veranlagt. Beide Geschlechter haben den gleichen Geschmack, die gleichen Ziele, den gleichen Perfektionismus und laufen gleichermaßen Gefahr, sich selbst über den anderen zu vergessen.

Sonne im Steinbock

Sonne im Steinbock und Mond im Widder

Unter dieser Konstellation herrscht eine gewisse emotionale Instabilität. Gefühle und Handeln sind eng miteinander verwoben. Der Steinbock-Sonne ist diese ständige Unruhe unangenehm, doch muß sie wider ihren Willen den Impulsen freien Lauf lassen. Das Bedürfnis nach Selbstkontrolle und das Verlangen danach, sich gehenzulassen, liegen miteinander im inneren Widerstreit. Beide Zeichen besitzen ausreichend Energie, Arbeitswillen und Durchsetzungsvermögen, was einen leichten, von Willenskraft geprägten Aufstieg ermöglichen kann. Der Mond im Widder neigt jedoch vor allem in der Jugend allzusehr zur Ungeduld, und deshalb ist es ihm unmöglich, die langfristigen Ziele der Sonne im Steinbock gutzuheißen. Diese Persönlichkeit kann außerordentlich gefestigt, solide und unnachgiebig sein, manchmal auch streitsüchtig, kampflustig und mürrisch. Der Horoskopeigner glänzt gelegentlich durch seine Intuition, die nicht dem Interesse entspringt, die Beweggründe anderer Menschen zu verstehen. Gelingt die Verquickung der verschiedenen Wesensteile, so ist die Entwicklung von einer heftigen und phantasiereichen Jugend zu einer eher praktisch orientierten, energischen und beherrschten Erwachsenenphase gesichert.

Der Ehrgeiz des Steinbocks lenkt die spontanen Einfälle des Widder-Mondes in eine eher materielle Richtung. Bei diesen Geborenen kann man nicht von einem starken Idealismus ausgehen, sondern vielmehr von einem Willen zum Wettbewerb, zur Bewegung oder zur Teilnahme an ungestümen Unternehmungen. An Mut fehlt es nie, und wenn die saturnische Selbstbeherrschung sich einmal einen Augenblick der Ablenkung gönnen sollte, so könnte das Feuer des Mondes zu weit gehen.

Dies gilt auch für das Gefühlsleben, welches einem züngelnden Feuer gleicht, das in einem Felsenkrater eingeschlossen ist. Männer mit dieser Konstellation suchen nach einer warmherzigen und starken Frau, die nicht allzu viele seltsame Ideen im Kopf hat. Die Frauen sind männlich, können hart arbeiten und ihren Partner unterstützen, nehmen aber auch gerne in der Beziehung die Zügel in die Hand.

Sonne im Steinbock und Mond im Stier

Das Schlüsselwort lautet hier Korrektheit und Pflichtbewußtsein. Menschen mit dieser Konstellation sind wirklichkeitsnah veranlagt und von gefestigtem Charakter. Sie sind strebsam und umsichtig mit ihrem Ehrgeiz, der sich auf erreichbare und lohnende, aber nicht unmittelbare Ziele richtet. Beide Zeichen sind günstig für konkrete oder mit der Natur verbundene Tätigkeiten im ländlichen oder häuslichen Bereich. Man weiß mit den einfachen Dingen des Lebens umzugehen, hat einen Sinn für wirtschaftliche Sicherheit und für Wohlbefinden. Hier herrscht Freude an der Kreativität, am taktilen und plastischen Erleben wie z.B. einer bildhauerischen Tätigkeit. Die Horoskopeigner pflanzen, graben, berühren und kneten gerne. Durch Vertrauenswürdigkeit und Treue sind sie geeignet, anderen stetige Gefühlszuwendung zu geben. Außerdem können sie eine Idee hartnäckig und mit geradezu zwanghafter Konsequenz verfolgen.

Bei dieser Persönlichkeit handelt sich um eine wenig auffallende Erscheinung, der überflüssige Worte und Gesten zuwider sind. Nichts bringt sie aus der Ruhe, Veränderungen sind ihr unangenehm. Häufig ist der Geborene nicht fähig, ohne weiteres zu vertrauen, denn er braucht den realen Bezug: Materialismus und Besitzdenken sind seine schwachen Stellen.

Die Gefühle sind zurückhaltend und zunächst benötigen sie viel Zeit, um sich zu entwickeln. Sie können dann aber sehr tief, manchmal auch zu tief, im Inneren verwurzelt sein. Möglichkeiten zur Sublimierung sind hier wenig gegeben, denn man empfindet sich an den Lauf der Natur gebunden. Das Bedürfnis nach körperlichem Kontakt ist sehr wichtig. Männer suchen eine Frau, mit der sie arbeiten und schöpferisch tätig sein können, eine Art Demeter mit dem Ährenkranz. Frauen sind mütterlich, vernünftig und praktisch veranlagt und suchen einen ehrgeizigen, möglichst auch wohlhabenden Partner, der ihnen Sicherheit bieten kann und vor allem das Gefühl von Dauerhaftigkeit und Konkretheit als Gegensatz zur Vergänglichkeit der Leidenschaft.

Sonne im Steinbock und Mond in den Zwillingen

Wer unter dieser Kombination geboren ist, besitzt die abstrakte und distanzierte Mentalität des Intellektuellen: man ist es sich schuldig, Fragen zu stellen und alle nur möglichen Antworten darauf zu finden. Der Mond in den Zwillingen ist leichtsinnig und redselig, doch der Ernst des Steinbocks gestattet ihm nicht, allzu viel umherzustreifen, sondern fordert ihn zu stärkerer Konkretisierung auf. Natürlich ist dies keine besonders harmonische Konstellation, auch wird die saturnische Ernsthaftigkeit nicht immer die Oberhand über die Verspieltheit des Mondes behalten können, doch im Großen und Ganzen wirkt der Charakter dadurch fröhlicher und weniger statisch.

Eine gewisse Distanziertheit und die Abwehr tiefer Gefühle sind ein Mangel dieser Sonne/Mond-Verbindung: eine Beteiligung der Gefühle ist nicht erwünscht. Außerdem benötigt die Willenskraft des Steinbocks Ziele, die wichtig und von Bedeutung sein sollen. Die Zwillinge hingegen sind von leichtsinniger Zweideutigkeit mit ihrer kopfbetonten und oft auch genialen Seite einerseits und ihrem verspielten und jugendlichen Wesen andererseits. Fällt die Wahl des Horoskopeigners auf intellektuelle und lernbetonte Ziele, so gibt es keine Probleme, doch könnte sie bei seinem nüchternen aber überzeugenden Redetalent ebenso auf Tätigkeiten in Handel oder Politik fallen. Das Zusammenwirken des schwerfälligen Steinbocks und der seiltänzerischen Zwillinge kann eventuell auch zu launischer Inkonsequenz führen. Die unruhige, nervöse und wechselhafte Empfindsamkeit kann für den sonnentypischen Wunsch nach Ganzheit und Integrität gleichsam ein Stachel im Fleisch werden.

Der Steinbock sucht kein Abenteuer, doch aufgrund der Mondposition wäre auch eine völlig konventionelle und gleichbleibende Bindung nicht immer erwünscht. Hier kann Unsicherheit und Zögern entstehen, vor allem in den frühen Jugendjahren. Manchmal widmen sich diese Menschen auch ganz dem Studium, der Wissenschaft oder der Politik. Männer dieser Kombination fühlen sich zu lebhaften und fröhlichen, auch ein wenig frivolen Frauen hingezogen. Wichtig ist, daß sie phantasievoll sind und den Partner von seinen Abstraktionen ablenken können. Die Frauen hingegen neigen dazu, sich an einen starken und reifen Partner anzulehnen, der ihre Phantasien schätzt, aber sie auch wieder in die Wirklichkeit zurückholt, sofern dies nötig ist.

Sonne im Steinbock und Mond im Krebs

Hier besteht Unsicherheit in den Lebenszielen. Die Empfindsamkeit des Mondes ist auf die Vergangenheit, das Imaginäre und Traumhafte gerichtet, während die Sonne diese Nabelschnur durchtrennen muß, um vorwärts zu kommen. Daraus resultiert ein vorsichtiges und manchmal unbewegliches Verhalten, oder eine Flucht in die Abstraktion. Der Horoskopeigner hat ständig das Bedürfnis, sich zu bessern, zu reifen, sich mit sich selbst und anderen zu messen, doch gleichzeitig fürchtet er, zu viel zu wagen. Oder er vernimmt immer wieder den Ruf jenes geheimen und stillen Bereiches in seinem Innersten, in dem ihn nichts und niemand erreichen kann. Er kann sich in einem menschenfeindlichen Elfenbeinturm einschließen oder einen finsteren, hochmütigen und besitzergreifenden Charakter entwickeln.

Der Mond verlangt von der Sonne Dinge, die sie nicht gewähren will (gemeint ist der Konflikt zwischen Vergnügen und Pflicht). Anderseits jedoch, falls der Reifungsprozeß gelingt, muß das Wachsen des Individuums nicht zur Verstoßung der Vergangenheit und der Phantasie führen (Mond im Krebs), sondern diese können aufgearbeitet und auf positive Weise verwendet werden. Es ist, als ob man in einem alten Koffer wühlte, und feststellte, daß die Gegenstände der Vergangenheit uns nicht wehtun und uns nicht berühren, sondern lediglich Zeugnis von unserem Wachstum ablegen. Trotz dieser inneren Disharmonien haben wir es hier mit einem Steinbock-Typ zu tun, der spontaner und reicher an Gefühlen ist als man von diesem Zeichen erwarten würde. Er kann das Licht des Mondes leben, wenn sein Verantwortungsgefühl ihm eine Pause gönnt, und er ist menschenfreundlich gesinnt.

Männer suchen eine mütterliche Partnerin, die ihnen einen festen häuslichen Bezugspunkt und Anreize für die Phantasie bietet. Frauen möchten einen Partner, den sie stützen und beschützen können. In seltenen Fällen kommt es auch zur gegenteiligen Entwicklung, nämlich zum Typ der Kindfrau.

Sonne im Steinbock und Mond im Löwen

Diese Kombination kann man mit einem Auto vergleichen, das einen stolzen, kraftvollen, aber unbeweglichen Motor besitzt. Die Phantasie des Mondes wird vom sonnenbetonten Löwen angeregt und zum Glühen gebracht. Der Gegenstand der Phantasie nimmt immer gigantische Ausmaße an, die Träume sind immer in hellen und kräftigen Farben gehalten. Das Licht der Ideale drängt nach einer Verwirklichung von etwas Wesentlichem. Dies geschieht vor allem aus dem Bewußtsein heraus, daß man einzigartig und eine unverwechselbare Persönlichkeit ist. Der Steinbock ist zwar ehrgeizig, aber auch demütig. Dabei handelt es sich manchmal zwar nur um eine scheinbare Demut, doch wenn der im Sonnenlicht stehende Mond an diesem Ehrgeiz beteiligt ist, dann ist kein Platz mehr für falsche Bescheidenheit. Man muß in das Rampenlicht der Öffentlichkeit treten, sich auf gesellschaftlicher, politischer und ökonomischer Ebene sehen und hören lassen, um sich und den anderen zu beweisen, was man wert ist – und dies ist oft sehr viel. In manchen Fällen kann es zum offenen Kampf um die Macht, um den Platz an der Sonne, zum Formenkult und zur Prahlerei kommen. Unter besseren Bedingungen jedoch sorgen die Ideale dafür, daß man für die Mitmenschen und für das Gemeinwohl handelt.

Wir finden hier einerseits die Fähigkeit zu Konzentration und geistigem Aufstieg, andererseits aber einen zu starken Moralbegriff, der alles in einer starren, wenn auch noch so wertvollen und edlen Struktur einschließen will. Der Traum vom Ruhm muß im Lauf der Zeit seine natürliche Beschränkung finden, und zwar in dem Sinne, daß die äußere Wirklichkeit zwar für Ehrgeiz und Eigenliebe Befriedigung verschaffen kann, man aber nur in der innersten Realität seinen eigenen, wirklichen Wert erkennen kann – das Urteil der anderen ist dafür nicht ausreichend.

Im Gefühlsbereich sind die Erwartungen manchmal ebenfalls zu hoch. Der Reifungsprozeß des Steinbocks geht langsam aber stetig voran. Der Wunsch nach einem ebenbürtigen Gegenüber ist jedoch vor allem bei den Männern sehr ausgeprägt. Sie suchen eine auffallende Frau, die aus dem Rahmen fällt. Frauen dieser Konstellation sind stolz und ein bißchen unnachgiebig, übernehmen gerne das Kommando und lassen sich von den Männern nicht in den Hintergrund drängen. Als Mütter sind sie den Kindern gegenüber oft allzu anspruchsvoll.

Sonne im Steinbock und Mond in der Jungfrau

Die beiden Zeichen sind geradezu dafür geschaffen, sich zu verstehen. Ihre Verwandtschaft ist so eng, daß Menschen mit dieser Konstellation sehr einheitlich wirken und »wie aus einem Guß« erscheinen. Außerdem sind sie nicht gerade nachgiebig und kaum geneigt, sich dem Lauf der Zeit anzupassen. Der Mond in der Jungfrau ist permanent in einer mühsamen Selbstanalyse gefangen und auf der Suche nach dem entscheidenden Detail, das ihm hilft, sich und andere zu verstehen, sich mit etwas abzufinden oder sich eine Schwäche zu erklären. Diese Selbstanalyse kommt dem Abstraktionsvermögen des Steinbocks sehr entgegen. Er genießt sie regelrecht, macht sie gewissermaßen zu einem masochistischen Vergnügen und erklärt sie zu seinem Lebenszweck. Es besteht die Gefahr, daß jeder Elan, jedes Gefühl und jeder instinktive Impuls zuerst im Netz der Vernunft eingefangen wird, um dann, durch verschiedene

Filter geleitet und geklärt, schließlich völlig sterilisiert zum Herzen zu gelangen. Eine derartige Konstellation ist der Freude am Leben nicht sehr zugeneigt; häufig zieht sie ein meditatives und zurückgezogenes Leben vor, das irgend einer uneindeutigen Tätigkeit gewidmet ist, doch sind die intellektuellen Begabungen hier ohne Zweifel sehr beachtlich. Sie stützen sich auf eine geordnete, wissenschaftliche und nützlichkeitsbezogene Weltsicht. Alles wird gewogen, berechnet, geplant, um so die persönlichen Ziele zu verwirklichen. Dies gelingt auch sehr häufig, obwohl solchen Menschen immer die Keckheit fehlt, die sie in die vorderste Reihe tragen könnte, die sie alles riskieren läßt, nur um sich zur Schau zu stellen oder sich stark wie ein Löwe zu fühlen.

Wenn die Geborenen etwas aufbauen, so gilt ihre besondere Aufmerksamkeit nicht so sehr der Fassade als vielmehr der Beschaffenheit des Fundaments. Zwischenmenschliche Beziehungen können sich durch einen gewissen Hang zur Einsamkeit schwierig gestalten. Auf andere Menschen wirken die Horoskopeigner oft kalt und gefühllos, auch wenn sie im Grunde nur ihre Emotionen nicht gerne preisgeben wollen. Männer mit dieser Konstellation suchen eine intellektuelle Partnerin, die ihre Gefühle beherrschen kann, den Wert des Geldes kennt, aber auch den Reiz der Zurückgezogenheit zu schätzen weiß. Frauen haben in etwa die gleichen Neigungen, eventuell mit einer noch ausgeprägteren Tendenz zur Einsamkeit. Auf sexuellem Gebiet ist ihnen Technik wichtiger als der Dialog. Im allgemeinen neigt diese Kombination weder zu verfrühter Bindung, noch zu Bindung überhaupt, doch wenn es dazu kommt, dann ist die Treue garantiert.

Sonne im Steinbock und Mond in der Waage

Diese Kombination fällt günstiger aus als deren Umkehrung, denn der Mond als weiblicher Planet ist im Zeichen der Venus (Waage) völlig in seinem Element. Ist die Sonne im Steinbock auch nicht besonders überschwenglich, so beweist sie doch die Festigkeit und den Fleiß, wodurch Fortschritt, Entwicklung und Besserung zu einem Vorgang werden, der dem Leben selbst vergleichbar ist.

Das Wesen reagiert hier mehr auf formale und ästhetische als auf emotionale Reize, denn der Mond in der Waage läßt sich höchst ungern tiefer auf etwas ein, er sucht eher das Schöne als das Gute, freut sich über das Lob für seinen Fleiß und ist viel zu sehr um die Meinung der anderen besorgt. Der Steinbock in seiner Ernsthaftigkeit empfindet es natürlich als störend, mit diesem eitlen Kern im Inneren leben zu müssen, den er als Fremdkörper empfindet. Nachdenklichkeit, Vorsicht, Strenge und eine gewisse Melancholie der Gedanken sind hier häufig anzutreffen.

Für den persönlichen Ausdruck ist es nicht immer einfach, sich der Künstlichkeit und Manierismen zu entledigen, sich dem Abgrund der leeren Form zu nähern, der Fassade, hinter der es keinerlei Wärme gibt. Beziehungen zu anderen Menschen können sich demnach schwierig und gehemmt gestalten. Die saturnalen Eigenschaften des Steinbocks schalten früher oder später alles aus, was nicht mehr funktional erscheint. Ist die Wahl auf eine künstlerische Betätigung gefallen, so muß diese sich einem ständigen Läuterungsprozeß unterziehen, bis man zum Wesentlichen gefunden hat. Ist die ehrgeizige Seite des Steinbocks stärker ausgeprägt, so muß der Geschmackssinn der Waage hinter dem Karrieredenken zurückstehen oder darf diesem bestenfalls formale Unterstützung gewähren (z.B. in einer diplomatischen Karriere).

Männer mit dieser Konstellation suchen nach einer eleganten, geschmackvollen Frau, die aktiv mit ihnen zusammenarbeiten und ihnen auf intellektueller Ebene folgen kann. Frauen sind ein wenig snobistisch, stark um die Förmlichkeit besorgt und von einer kühlen Ernsthaftigkeit beseelt. Sie suchen einen Partner, der ihnen konstante emotionale Zuwendung und materielle Sicherheit bieten kann.

Sonne im Steinbock und Mond im Skorpion

Diese Konstellation ist gekennzeichnet durch Willensstärke, Entschlossenheit und Hartnäckigkeit. Die Innerlichkeit des Mondes strebt nach intensiven Empfindungen und kann die Sonne auf ungewöhnliche Wege bringen, die dem Steinbock eigentlich ganz und gar nicht vertraut sind. Dieser darf dabei aber nicht das Gefühl bekommen, von Gefühlen überschwemmt zu werden, die zu stark und zu widersprüchlich sind, um sie überhaupt ausleben zu können. Dann würde er nämlich den ebenso mühevollen wie schwierigen Versuch unternehmen, sich zu zügeln und gleichsam einen Deckel der Vernunft auf den Kessel der brodelnden Instinkte des Skorpions zu drücken. Der Mond ist im Skorpion unersättlich, wißbegierig und besitzergreifend; er gerät leicht in Verwirrung, aber auch in Erregung und Widersprüche oder wird bösartig. Das aggressive Potential dieser Verbindung führt einerseits zu einer positiven und konstruktiven Haltung, anderseits zu einem egozentrischen Bedürfnis, andere für die eigenen Zwecke zu manipulieren. Es bleibt immer eine gewisse Härte und Unabhängigkeit, ebenso der Wille, aufzufallen, und dabei doch in Wirklichkeit sein Innerstes verborgen zu halten.

Im Zusammenleben legen die Horoskopeigner oft ein merkwürdiges und unverständliches Gefühlsverhalten an den Tag. Die Kombination kann durch die in ihr eingeschlossenen, verborgenen Kräfte zum Erfolg führen. Intuition und die Fähigkeit, menschliche Beweggründe zu analysieren, sind vorhanden, aber nicht immer in Verbindung mit echter und ungetrübter Sympathie. Aus dem Blickwinkel der Emotionen sind diese Menschen treu, verlangen aber von sich und den anderen oft zu viel. Übermäßige Eifersucht kann die Beziehung beeinträchtigen und in einem Netz ambivalenter und widersprüchlicher Gefühle verstricken, mit dem Wunsch, sich und dem Partner wehzutun. Männer fühlen sich zu stark erotischen, aber nicht zu auffallenden Frauen hingezogen. Die Frauen selbst hingegen sind widersprüchlicher, im allgemeinen ziehen sie einen unternehmungsfreudigen, aber etwas unberechenbaren Typ von Mann vor, bei dem die Schattenseite dominiert.

Sonne im Steinbock und Mond im Schützen

Diese Konstellation wirkt gefestigt und tatkräftig, wenn auch in einer sehr konventionellen oder traditionell geprägten Form. Daraus ergibt sich die Tendenz, nach Reife und Verantwortung zu streben, die moralischen oder auch nur materiellen Werte zu suchen. Dadurch erlangt man ein Gefühl der Sicherheit oder es vermittelt sich einem der Eindruck, man lebe auf die richtige Weise oder für die richtigen Ziele. Neben dem traditionsbewußten Aspekt, also der Achtung vor bestehenden Werten, weist diese Konstellation als weitere Eigenschaft noch einen gewissen Abenteuergeist auf. Das für den Steinbock typische Bedürfnis nach einer inneren Suche kann sich auf einen Glauben, eine Idee oder ein Ideal richten, jedoch immer innerhalb von bereits vorgegebenen Strukturen.

Menschen mit dieser Konstellation haben ein starkes Verlangen nach Freiheit, auch wenn dies zu einer gewissen Vereinsamung führt und mit innerem Unbehagen erlebt wird. Der Mond in Schütze liebt die Einsamkeit nämlich nicht und dadurch mildert er auch den störrischen Charakter der Steinbock-Sonne, die eher dazu neigt, sich zu isolieren – auch, was die Ideen betrifft. Die Abenteuerlust trägt sicherlich zu konkreten Ergebnissen bei, indem sie den Horoskopeigner dazu bringt, sich in einem Wettbewerb zu messen oder sich zu engagieren. Die steinbockbetonte Wesensseite muß wohl oder übel mit diesen Impulsen auskommen, und wenn sie stark genug ist, so wird ihre Disziplin für eine feste Struktur sorgen, innerhalb derer der Bewegungsdrang des Schützen sich ausleben kann. Andernfalls stehen wir vielleicht vor einem exotischen Traumbild, dessen Gewebe früher oder später zerreißen muß, um die unvermeidliche Realität zum Vorschein kommen zu lassen. Dann wird der Alltag die Oberhand gewinnen über die brennende Sehnsucht nach fernen Horizonten, und diese werden ins Reich der Phantasie verbannt.

Im Gefühlsleben neigen die Horoskopeigner zu klaren und festen Bindungen, sie sind leidenschaftlich und können ihre ganze Energie einsetzen, um ihrem Traum von der Liebe zu folgen. Männer fühlen sich zu Frauen von feurigem Temperament hingezogen, die auch sportlich, aktiv, neugierig und reiselustig sind und einen festen Glauben an das Leben und an alle absoluten, traditionellen Werte haben. Frauen teilen einen ähnlichen Geschmack, verlangen aber große emotionale Stabilität und materielle Sicherheit.

Sonne im Steinbock und Mond im Steinbock

In dieser Kombination befinden sich beide Himmelslichter im gleichen Zeichen, das heißt Saturn ist der absolute Herrscher. Saturn als Planet der Ringe (Symbol für die Selbstbeschränkung) auf seiner langsamen Bahn am Rande der optischen Wahrnehmbarkeit, beschwört die Symbolik des uralten und unerbittlichen Gottes hervor, der die Zeit mit seiner vernichtenden Sichel schneidet. Diese Zeit jedoch entspricht einer unausweichlichen und strukturierenden Notwendigkeit: man muß vorwärtsgehen, emporsteigen, sich verbessern und etwas hinzugewinnen. Wir können hier also von einem ausgeprägten Wirklichkeitssinn und starkem Ehrgeiz ausgehen, von einem Bedürfnis nach materieller Sicherheit, von dem ständigen Wunsch, alles auf das Wesentliche zu reduzieren, ohne dabei Zeit mit formalen Einzelheiten zu verlieren. Dabei werden jedoch manchmal auch die Gefühle anderer übergangen.

Es besteht bei dieser Sonne/Mond-Verbindung eine doppelte Spannung: entweder verzichtet man auf das Materielle zugunsten des Geistigen oder man flüchtet sich umgekehrt in die Materie, in die greifbaren Güter, in das Wirtschaftliche, Praktische, in politisches und gesellschaftliches Karrierestreben. Menschen mit dieser Konstellation sind sehr ernsthaft, nachdenklich, introvertiert, einseitig in ihren Ideen und wenig objektiv.

Im Gefühlsleben liegt eine deutliche Angst vor, nicht akzeptiert zu werden, was aus einer unglücklichen Mutterbeziehung herrühren kann. Dadurch befindet man sich immer in Zweifel darüber, ob man Zuwendung und Liebe eigentlich überhaupt verdient. Häufig haben diese Menschen das Gefühl, sich nur auf sich selbst verlassen zu können. Es entsteht der Wunsch, sich und den anderen zu beweisen, daß man der Aufmerksamkeit würdig ist – daher der Ehrgeiz und das Bedürfnis nach Verwirklichung. Auch die umgekehrte Situation ist denkbar: es kommt zu Verzicht, Bitterkeit, Zynismus und fatalistischem Verhalten. Im allgemeinen jedoch ist die Energie Saturns so beschaffen, daß in der zweiten Lebenshälfte – allerdings nur langsam – starke innere Kräfte reifen und eine Entwicklung erzwingen. Diese Geborenen sind weder brillant noch unbefangen. Übermäßige

Ernsthaftigkeit läßt die Freude am Spiel oft schwinden. Treue, Kraft und Tiefe der Gefühle (diese sind zwar versteckt und verdrängt, aber es herrscht kein Mangel daran!) bleiben natürlich erhalten.

Hier scheint das Zölibat oft günstiger als die Ehe; das Bedürfnis nach Einsamkeit kann sehr ausgeprägt sein. Ferner ist der vorhanden kritische Geist den zwischenmenschlichen Beziehungen nicht förderlich. Zuneigung entwickelt sich nur langsam und einer Liebe »auf den ersten Blick« geht man fast immer aus dem Weg. Beide Geschlechter suchen nach einem Partner, der ihnen ähnlich ist. Männer haben oft ein gewisses Bedürfnis nach Fürsorge, während bei den Frauen soziales oder politisches Engagement den Platz der mütterlichen Neigungen einnehmen kann.

Sonne im Steinbock und Mond im Wassermann

Dies ist eine sehr günstige Konstellation, denn sie läßt die für die Steinbock-Sonne typischen Eigenschaften wie Festigkeit, Ehrgeiz, Methodik und Ernsthaftigkeit in einer menschlicheren und sozial angepaßteren Atmosphäre zur Wirkung kommen, ohne in Egozentrik und Unbeweglichkeit zu verfallen. Das gefühlsmäßige Erleben des Mondes regt breitgefächerte und originelle Ideen an, die entweder kollektiven und freiheitlichen Idealen verbunden sind oder aber völlig individuelle Neigungen vertiefen. Menschen mit dieser Kombination im Horoskop nehmen anderen gegenüber gerne eine Führungsposition ein, doch muß der Ehrgeiz des Steinbocks bei politischer Betätigung immer die Rechte der Mitmenschen im Auge behalten. Sozialarbeit kann hier ein gutes Betätigungsfeld sein.

Es besteht ein ausgeprägtes Organisationstalent durch die Fähigkeit zu Konzentration, Selektion und Planung, und durch den konzentrierten Weitblick, der nicht nur in die Zukunft reicht, sondern auch eher unkonventionelle und wenig gebräuchliche Aspekte zu erfassen imstande ist. Die Horoskopeigner besitzen Opfermut und können Ideen Gestalt verleihen, die nicht der unmittelbaren Intuition entspringen.

In Hinblick auf die Gefühle erweist sich die Konstellation als heikel und kompliziert, denn diese werden gerne einer gewissen Kontrolle unterzogen. Das Interesse an anderen Menschen ist zwar ehrlich, aber häufig auf eine oberflächliche Sympathie beschränkt. Jede tiefergehende Gefühlsbeteiligung wird als unnötige Störung empfunden, denn die bevorzugte Ebene ist jene des Intellekts. Distanz wird als ein Zeichen von Stärke empfunden und nicht als Schwäche erlebt. Es ist eine gewisse Neigung zu platonischen, offenen und verstandesbetonten Beziehungen festzustellen, die sich jedoch immer im Rahmen einer klar definierten, grundlegenden Treue bewegen. Männer fühlen sich von emanzipierten, freien, toleranten und intellektuellen Frauen angezogen. Frauen besitzen selbst eben diese Eigenschaften und suchen einen Partner, der ihnen auf der intellektuellen Ebene gleichwertig ist, der nicht versucht, ihre Freiheit zu ersticken, und der umsichtig und gefestigt, aber nicht allzu konventionell sein soll.

Sonne im Steinbock und Mond in den Fischen

Diese Kombination verbindet zwei einander ergänzende Elemente: Erde und Wasser. Die Erde verleiht dem Wasser Form, das Wasser hingegen befruchtet die Erde. Im Inneren einer Persönlichkeit kann der Realitätssinn des Steinbocks jedoch sehr hart auf die Empfindsamkeit der Fische prallen, die häufig der Wirklichkeit eher entfliehen als sich dieser stellen wollen. Ist dies nicht der Fall, so lassen sich organisatorische Fähigkeiten entwickeln.

Menschen mit dieser Konstellation können sehr hingebungsvoll sein, während der Steinbock normalerweise trotz seines Opfermuts für die Bedürfnisse anderer nicht besonders empfänglich ist und es ablehnt, sich von Dingen beeinflussen zu lassen, die ihm nicht objektiv genug sind oder zu sehr von Emotionen bestimmt zu sein scheinen. Man kann aber eine gute Ausgewogenheit der Tendenzen vor allem in der zweiten Lebenshälfte nicht ausschließen, denn die mystische Neigung der Fische kann auch in eine sozial verträglichere und ehrgeizigere Struktur eingebettet werden.

Es besteht jedoch die Gefahr, daß die beiden Lichter sich auf der Ebene von Verzicht und Masochismus verbünden, entweder indem sie einer mystischen Idee anhängen (hier ist die Wahl immer etwas seltsam und zuweilen auch makaber), oder indem sie sich von den Bildern der Innerlichkeit anziehen lassen und sich einem offeneren Leben, das weniger angefüllt wäre von Phantastereien und unstillbaren Sehnsüchten, verweigern. In manchen Fällen verbindet sich die Selbstgefälligkeit der Fische mit dem Besitzstreben des Steinbocks und erzeugt so Sinnlichkeit und Gier. Es ist jedoch schwer vorauszusehen, wie sehr die Sonne im Steinbock das Traumbedürfnis des Mondes einschränkt oder ob nicht gerade dieser sensitive Mond vielmehr die allzu mechanische Weltsicht befruchten und auflockern kann. Sollten sich die schillernden Träume der Kindheit als unerreichbar erweisen, bleibt fast immer eine regressive, ausweichende, melancholische oder auch zynische Note erhalten.

Bei Frauen ist die transzendente und romantische Seite stärker ausgeprägt und auch leichter an eine verstandesbetonte und realistische Sonne anzupassen. Bei Männern kann dieses Auseinanderklaffen der Kräfte deutlicher und störender ausfallen, weil der Mond die weibliche und unbewußte Seite unabhängig vom Geschlecht darstellt. Sie suchen eine romantische Partnerin mit verträumten Augen, die aber auch imstande ist, nicht gleich jeder neuen Idee nachzugeben und die sie inspirieren und mitreißen kann. Frauen suchen im Partner eine feste Verankerung in der Realität, möchten aber auch in ihrem Bedürfnis nach Träumerei und Phantasie respektiert werden.

Sonne im Wassermann

Sonne im Wassermann und Mond im Widder

Menschen mit dieser Kombination neigen zu Unabhängigkeit und Extremen. Eine lebhafte und manchmal geradezu glühende Vorstellungskraft ist hier eingebettet in eine Mentalität, die kollektiven Bewegungen, zyklischen Erscheinungen und reformerischen Ideen verhaftet ist. Daraus entwickelt sich häufig eine Persönlichkeit, die empfänglich ist für den Wandel der Zeiten. Man nimmt Anstoß an allem, was sich nicht verändert und ist bereit, für persönliche und gesellschaftliche Freiheiten zu kämpfen. Häufig aber bleiben diese Menschen Idealisten, die ihren Traum mit niemandem teilen können. Hinter den angestrebten Idealen kann sich ein starkes, manchmal auch unbewußtes Bedürfnis nach Überlegenheit verbergen. Gelegentlich ist auch eine gewisse Naivität und eine allzu vereinfachte Sichtweise der Dinge beteiligt, wie es für so manchen Revolutionär typisch ist. Die Einfühlsamkeit kann sehr groß sein und die Palette der Gefühle reicht vom großzügigsten Idealismus bis zur Brutalität.

Die Verbindung des humanitären und freundlichen Charakters des Wassermannes mit dem Unternehmungsgeist und Wagemut des Widders erweist sich für das Gefühlsleben als positiv. Dabei besteht natürlich die Gefahr, in manchem zu weit zu gehen und das Gleichgewicht zu verlieren, denn der ungezügelte Instinkt des Widders kann sich der Kontrolle durch das eher distanzierte Wesen des Wassermannes entziehen. Männer mit dieser Konstellation suchen eine aktive und engagierte Gefährtin, der sie sich gegebenenfalls auch unterordnen. Die Frauen suchen jemand, der ihr intellektuelles Aufbegehren und ihre Vorbehalte gegenüber der traditionellen Rolle der Frau und Mutter mit ihnen teilt.

Beide Geschlechter werden vermutlich von ihren Partnern keine absolute Treue fordern und sie werden sich kaum zu jemand hingezogen fühlen, den sie geistig nicht voll respektieren.

Sonne im Wassermann und Mond im Stier

Die Erfindungsgabe des Wassermann drängt zum Handeln und zu Entscheidungen. Man will eine konkrete Verwirklichung erreichen, sie möchte sich mit Eifer für eine Idee einsetzen. Dabei kann es durchaus zu Übertreibungen kommen und vermutlich wird sich der Widerspruch zwischen der materiellen und der ideellen Ebene anbahnen. In ihrem Umgang mit den Mitmenschen sind diese Geborenen sanft und zuverlässig, ehrlich und reich an Gefühlen. Normalerweise verliert sich der Wassermann leicht in den Wolken, er hat hübsche und seltsame Ideen, aber es mangelt ihm an solidem Grund unter den Füßen. Der Mond im Stier kann ihm hier hilfreich sein. Der Geist wird beständiger und aktiver und der Horoskopeigner strebt stärker danach, sich auf praktische und umsichtige Weise für seinen eigenen Weg einzusetzen. Der Wassermann hat oft großartige Ideen, doch sind diese häufig in den Sand geschrieben. Manchmal sind sie so hoch angesiedelt, daß sie kaum zu verwirklichen sind. Der Stier-Mond kann den Träumen Substanz verleihen und den universellen Zielen ein konkretisierbares und im Leben verankertes Ziel setzen. Bei all dem bleibt jedoch die Kluft zwischen den Ansprüchen des Stiers, der sich der Natur anpassen will und Freude an Genuß und Besitz hat sowie dem Wassermann, der das Übersinnliche sucht, gerne teilt und zu einem kollektiven Ganzen beiträgt.

Beide Tendenzen können sehr wohl Seite an Seite existieren und werden dabei zwar ewig im Widerspruch, jedoch nicht im Streit miteinander liegen. Der Mond im Stier ist emotional so gefestigt, daß er den übertriebenen Ideen der Sonne Grenzen zu setzen vermag, was aber gelegentliche Blitze aus heiterem Himmel nicht ausschließt.

Auch im Liebesleben verhält es sich ähnlich: Idealismus und Sinnlichkeit müssen miteinander auskommen und sind auch dazu imstande. Die Sinnlichkeit des Mondes verschmilzt mit der Güte und Anteilnahme der Sonne. Dabei wird es ab und zu innerliche Verständigungsschwierigkeiten geben, denn es dominiert einmal die eine Seite und dann die andere. Männer kompensieren ihre Wassermann-Seite, indem sie eine praktisch veranlagte Frau wählen, der sie dann aber oft vorwerfen, sie sei überhaupt nicht in der Lage, ihre eingefahrenen Gleise zu verlassen. Frauen mit dieser Konstellation sind sehr aktiv, als Mütter hängen sie nicht zuviel und nicht zuwenig am heimischen Herd: sie finden den goldenen Mittelweg.

Sonne im Wassermann und Mond in den Zwillingen

Die Konstellation ist spontan und frisch wie eine Brise, sie sprudelt über vor Originalität und kann wunderbar improvisieren, auch wenn ihre Ergebnisse letztlich vergänglich sind. Die Neigung des Wassermannes zu Freundschaft und sozialen Beziehungen verbindet sich mit der Unbefangenheit der Zwillinge. Die Horoskopeigner sind sehr extrovertiert, sie lieben es, sich zu bewegen, zu reisen, andere zu unterhalten und selber unterhalten zu werden. Sie sind stark intellektuell orientiert und verbrauchen dafür ihre kostbarsten Energien und erreichen gerade dadurch ein Höchstmaß an Schnelligkeit im schöpferischen und intuitiven Bereich. Die Geborenen leben von einer oberflächlichen Sympathie, die sich jedoch als allzu distanziert erweisen kann. Ihnen ist die Tendenz zueigen, sich nicht festlegen zu können, ihre Ausdauer ist nicht die größte und sie projizieren ihre Wünsche und Ideale höchst ungern nur auf eine Person oder Idee. Hier trifft sich in beiden Zeichen das Element Luft: diese weht beschwingt herbei, behält aber nie lange die gleiche Richtung inne.

Im Gefühlsleben herrscht eine gewisse Distanz, man ist losgelöst und sucht den Liebesrausch von kurzer Dauer. Auch wenn dies nicht so beabsichtigt ist, bevorzugt man Beziehungen, in denen der Intellekt die Oberhand über die Leidenschaft behält, die zu einem komplizierten Spiel raffinierter Strategien wird. Beiden Geschlechtern graut es vor der Eifersucht des Stiers, der Opferbereitschaft der Fische und den Qualen des Skorpions. Hier gibt es keine dramatische Leidenschaft, sondern ein gesundes Vergnügen, mit dem man mit Toleranz und Distanz den flüchtigen Augenblick auslebt. Eine solche Lebenseinstellung kann sich über die Jahre als allzu leichtfertig erweisen und zu Selbstzweifeln und Unsicherheiten führen. Aber dies sind im Grunde Ängste, von denen niemand verschont bleibt.

Sonne im Wassermann und Mond im Krebs

Hier wird die phantastische Seite des Lebens herausgekehrt und es besteht das Risiko, daß man dem harten Boden der unausweichlichen Realität zu entfliehen versucht. Der Geist schweift wild umher und der Verstand wird von wechselhaften und unbestimmten Eingebungen, lyrischen und sentimentalen Anwandlungen des Mondes überflutet. Freundschaft und soziale Kontakte wirken sehr anziehend, aber sind nicht von großen Extravaganzen begleitet. Man liebt die Freiheit, verachtet aber auch das ruhige Familienleben nicht. Dies kann als Schutzbedürfnis nach außen verlagert werden, indem man sich auf humanitäre Aufgaben, vor allem im Bereich mit Kindern konzentriert. Es mangelt den Geborenen etwas an Initiativkraft, doch sie verfügen über große Kreativität, welche aus dem Zusammenfluß des kosmischen Fluidums des Wassermanns und den Lebenswassern des Krebses entsteht. Die beiden Zeichen unterscheiden sich vor allem darin, wie sie die Zeit erleben. Die Sonne orientiert sich auf die Zukunft hin, während der Mond der Vergangenheit nachtrauert. Der Horoskopeigner kann von einer Utopie träumen, die hinter einem Schleier des Idealismus eigentlich das verlorene Paradies der Kindheit und dessen Verarbeitung in Dichtung und Malerei verbirgt.

In der Gefühlswelt wirkt diese Konstellation so hervorragend, daß es dem Geborenen wie ein Traum erscheint, der nur mühevoll wirkliche Gestalt annimmt. Wir treffen hier auf tiefes Verständnis, starke Ausdrucksfähigkeit und Fanatismus. Aus diesen Geborenen spricht auch der Geist der Bohème. Dennoch handelt es sich um eine der Wassermann-Kombinationen, die am wenigsten zu offenen und vergeistigten Beziehungen neigt, denn der Sinn für familiäre Werte ist sehr ausgeprägt. Männer suchen mütterliche Partnerinnen. Frauen wollen einen Mann umsorgen und in ihrem kostbaren und geheimnisvollen Engelstraum wiegen. Er soll ein Märchenprinz sein, der bereit ist, Phantasie über die Leidenschaft zu stellen.

Sonne im Wassermann und Mond im Löwen

Sonne und Mond stehen im Tierkreis in Opposition, oder in Vollmondstellung. Die Wassermann-Sonne versucht, den Mitmenschen dienlich zu sein und möchte die eigenen Erfahrungen teilen. Es soll der angeborene Individualismus durch eine kollektive Weltsicht befreit werden. Dem steht der Mond im Löwen gegenüber, der wünscht, daß man für sich selbst handelt. Diese Betonung des Ichs kann zu exhibitionischen Tendenzen führen oder zu großartigen Erwartungen. In der Vorstellung gedeihen Häuser zu prächtigen Palästen und billigste Porzellanfiguren zu goldenen Statuen. Die eigenen Ideale stehen in riesigen barocken Lettern auf dem inneren Firmament geschrieben.

Diese Menschen sind von einer universalistischen Sichtweise gekennzeichnet und wollen soziale Schranken niederreißen, denn sie beten die Freiheit an. Trotz ihrer Opposition können sich die beiden Himmelskörper auf verschiedenen Gebieten verbünden. In erster Linie ist dies der Idealismus, für eine gute Sache zu kämpfen. Des weiteren die beiden Zeichen gemeinsame Großzügigkeit, auch wenn Egozentrik mitschwingt. Schließlich gibt es noch das Feld sozialer und politischer Betätigung. Der Wassermann hat Mühe, die Initiative zu ergreifen, er ist vor allem ein Revolutionär der Ideen, aber die Leidenschaft und das Selbstvertrauen des Löwen können ihm hilfreich zur Seite stehen und ihn mobilisieren. Dann übernimmt er eine bestimmte Rolle und wird z.B. zum Sprecher einer Gemeinschaft. Ob es ihm aber gelingt, sich darin zu verwirklichen, hängt davon ab, wie er seine Opposition ausgleichen kann. In der Regel lernen die beiden Zeichen mit der Zeit, einander zu vertrauen.

Was das Liebesleben anbelangt, so haben wir es mit einem Wassermann zu tun, der leidenschaftlicher ist, als es diesem Sternzeichen normalerweise entspricht. Frauen mit dieser Planetenstellung sind durchdrungen von edlen Absichten und Erwartungen, sie umgeben sich gerne mit Freunden und möglichst auch mit Verehrern. Sie sind wählerisch und suchen einen ehrgeizigen Partner, der ausgestattet ist mit Gefühl und Intelligenz und sich dennoch von ihrem gesunden Menschenverstand beraten oder auch leiten läßt. Männer fühlen sich zu auffallenden Frauen hingezogen, die ihre komplexen Erwartungen und Bestrebungen teilen können. Sollten diese Partnerinnen nicht genau dem Ideal entsprechen, so werden sie einfach idealisiert.

Sonne im Wassermann und Mond in der Jungfrau

Beiden Zeichen ist das Bedürfnis nach Läuterung gemeinsam und dieses kommt in der Sonne/Mond-Verbindung besonders zur Geltung. Das Sonnenzeichen löst sich von der Materie, um sich auf eine höhere und reichere Ebene zu begeben. Dabei öffnet es sich gleichzeitig nach außen, um seine Erfahrungen mitzuteilen. Der Mond dagegen steht in einem wenig verwandten Zeichen und möchte diese Erfahrungen auf der rein intellektuellen Ebene belassen – und zwar immer im Rahmen seiner Ordnungsliebe und seinem Wunsch nach »Entschärfung« der Gefühle, sobald diese ein gewisses Maß übersteigen. Die Urteilsfähigkeit der Geborenen wird durch einen etwas kühlen Verstand unterstützt, der sich der Wissenschaft, der Politik oder jedem noch so umfangreichen theoretischen Gebiet widmen kann, in dem Präzision und Verantwortungsgefühl benötigt werden. Diese Geborenen messen dem Fortschrittsmythos eine große Bedeutung bei. Sie planen die Entwicklung, doch sind ihre Ideen im Großen und Ganzen eher gemäßigt, was von Vorteil wie von Nachteil sein kann. Den Horoskopeigner wird dies aber auf jeden Fall vertrauenswürdig machen.

Gefühle der Zuneigung äußern sich nicht immer körperlich, denn der Eros wird analysiert und den Denkmodellen angepaßt, die der eigenen Moral entsprechen. Schamgefühle und Ängstlichkeit können die Spontaneität behindern oder zu einer Verzichtshaltung führen. Männer werden aufgrund der ständigen Selbstanalyse einzelgängerisch und sind für konventionelle Bindungen wenig geeignet. Eine mögliche Partnerin muß von einwandfreiem Charakter sein, erstklassigen Verstand und große Selbstbeherrschung besitzen. Bei Frauen mit dieser Konstellation entsteht leicht eine gewisse Angst davor, Gefühle ganz auszuleben. Dadurch kommen ihre weibliche Qualitäten nicht voll zur Wirkung. Die Leidenschaft ist im Gegensatz zum Intellekt zu schwach vertreten, es bedarf beinahe eines psychologisch geschulten Partners, der aber nicht selbst auch noch der Analyse verfallen sein darf. Die Partner suchen die Gemeinsamkeiten weniger im Temperament als in den Interessen.

Sonne im Wassermann und Mond in der Waage

Dies ist eine Kombination von Luftzeichen und als solche besonders anpassungsfähig, harmonisch und begabt. Sowohl der Wassermann als auch die Waage besitzt eine ausgeprägte Wahrnehmungsfähigkeit. Beide Zeichen können die Dinge in ihrer Vielseitigkeit erfassen und von verschiedenen Gesichtspunkten aus beurteilen. Es entspricht ihrem natürlichen Talent, sich für andere anziehend und angenehm darzustellen, auch wenn es manchmal einen ganz anderen Anschein hat. Offenheit, Sympathie, Unbefangenheit und Sinn für die Schönheit, all diese Eigenschaften erleichtern den Umgang mit zwischenmenschlichen Beziehungen. Zwar sind die Geborenen sehr lebendig im Hinblick auf neue Ideen und Einfälle, dennoch wirken sie etwas statisch und arm an Entschlußkraft. Ihr Handeln ist meist unbeständig und zögernd, aber ihre Ideen überstürzen und die Ziele verwirren sich. Das Interesse an anderen Menschen ist zwar ausgeprägt, aber kühl und intellektuell betont.

Die besten Eigenschaften auf der Beziehungsebene sind die gute Anpassungsfähigkeit und die starke Identifikation mit dem Partner. Eleganz und bestes Benehmen sind ebenfalls bemerkenswert.

Frauen können sich ihrem Partner vollkommen anpassen, vorausgesetzt dieser ist frei von allem Vulgären und Ungehobelten. Bei alledem bleiben sie aber unverwechselbar und wirken distanziert, wählerisch, zart und schwungvoll. Auch die Männer sind Idealisten und ständig auf der Suche nach Schönheit. Kurzfristige Freundschaften sind eher wichtig, doch geht die Quantität zu Lasten der Qualität. Es besteht die Neigung, Beziehungen einzugehen, bald wieder zu lösen und dabei stoische Ruhe zu bewahren. Auf diese Weise entsteht nie der Eindruck echter Stabilität und Verläßlichkeit und genau dies ist der größte Mangel bei den vielfältigen zwischenmenschlichen Beziehungen dieser Sonne/Mond-Verbindung.

Sonne im Wassermann und Mond im Skorpion

Bei dieser Konstellation wird der Individualismus bis ins Extrem getrieben. Das Verlangen nach innerer Unabhängigkeit, die reformerische Gesinnung, der Wunsch nach Neuorientierung und Neubeginn, die Tendenz, alles wieder aufs Spiel zu setzen, ist hier enorm. Die Intensität des Mondes wird durch die Eigenschaften der Wassermann-Sonne gemildert und meist als Unruhe und Widerspruch erlebt. Dagegen wird die humane und großzügige Seite der Sonne durch die manipulierenden Begierden des Mondes beeinträchtigt. Das Denkvermögen ist scharfsinnig und läßt es nicht an Kritik und Kampfgeist fehlen. Gelingt es dem Skorpion trotz seines Narzißmus und trotz seiner Ichbezogenheit, sein Bestes zu geben, so kann daraus eine hilfsbereite Persönlichkeit entstehen, die soziales Unrecht beseitigt.

Im Gefühlsbereich muß die idealistisch gesinnte Sonne eine Einigung mit dem ungestümen Mond erreichen, was äußerst schwierig ist. Es kann zu gewaltigen Auseinandersetzungen zwischen Bewußtsein und Unbewußtem, zwischen egoistischen und altruistischen Tendenzen kommen. Die Sonne wird dann heftigst bemüht sein, die entfesselten Instinkte zu beherrschen, ihnen die Möglichkeit zur Erleuchtung geben, damit sie einen vergeistigten Weg einschlagen und auf einer höheren Ebene eine neue Form gewinnen können. Vor allem beim Mann müßte diese Form der Sublimierung gelingen, die sich in einer Übertragung auf die Arbeit, die Kunst, die Revolte oder eine unstillbare Neugierde niederschlagen kann. Frauen gegenüber sucht er nach einer Fortsetzung dieser Thematik, indem er sich einem schicksalsträchtigen und instinktbetonten Frauentyp zuwendet. Beim weiblichen Geschlecht vereinigen sich Leidenschaft und das Bedürfnis nach Andersartigkeit zu einer etwas neurotischen Charakterstruktur. Frauen können mit den Waffen der Erotik zuschlagen und verletzen, aber gleichzeit von den Schuldgefühlen und dem Läuterungsgedanken der Sonne im Wassermann verfolgt werden. Menschen mit dieser Konstellation sind auf jeden Fall ungewöhnlich, ob sie nun als Engel des Guten oder des Bösen erscheinen.

Sonne im Wassermann und Mond im Schützen

Hier verbinden sich das anregende Element der Luft vom Wassermann und das ewige, heilige Feuer des Schützen miteinander. Intellektuelle und emotionale Reize wechseln sich ab. Der Enthusiasmus dieser Geborenen ist bemerkenswert, ihre Gefühle streben nach dem Allumfassenden, nach Synthese und einer globalen Weltsicht. Daraus entwickelt sich eine humanitäre Gesinnung. Vertreter dieser Konstellation fühlen sich häufig zu Tätigkeiten im religiösen Bereich oder im Sozialwesen hingezogen.

Die Phantasie der Geborenen wagt sich oft zu weit vor, folgt unklaren Idealen, die nur scheinbar oder peripher mit der Wirklichkeit verbunden sind. Die Horoskopeigner befinden sich auf einer ernsthaften, manchmal auch fanatischen Suche nach neuen sinngebenden Inhalten. Dies kann seinen Ausdruck in einem unerschütterlichen Glauben finden oder in der Suche nach einer Utopie. Der Wassermann neigt zu intellektuellen Spielereien und möchte sich nicht immer diesem hitzigen Mond anvertrauen. Die Konstellation ist gekennzeichnet durch Offenheit, Unbefangenheit und moralisches Empfinden und kann auf allen Ebenen große Sympathien ernten.

Auch im Gefühlsleben dürften keine großen Probleme auftreten, abgesehen von der Gefahr eines übertriebenen Idealismus. Die Gefühle zu erden könnte sich als schwierig erweisen. Der Wassermann versucht sich von einer allzu dichten Realität zu lösen und der Schütze kann ihm dabei hilfreich sein, bleibt aber doch ein Feuerzeichen, das jederzeit bereit ist, sich ins nächste Abenteuer zu stürzen. Das angestrebte Ideal muß vielfarbig und edel sein wie ein Gobelin, und sollte es nicht die nötige kristalline Reinheit aufweisen, so wird es eben durch die Vorstellungskraft veredelt.

Sonne im Wassermann und Mond im Steinbock

Unter dieser Kombination haben wir es zwar mit einem gesetzten und distanzierten Verhalten zu tun, gleichzeitig aber auch mit einer radikalen Einstellung, die soziale und politische Ziele verfolgt. Betrachtet man den Wassermann für sich genommen, so bekommen die Gedanken in dieser Konstellation mehr Tiefgang, werden beständiger, praktischer und eignen sich besser zur Synthese. Komplexität hat für diese Geborenen absolut keine erschreckende Qualität, denn ihr Denkvermögen ist in der glücklichen Lage, jedes Knäuel zu entwirren und zum Kern der Sache vorzudringen. Sich von Emotionen und allem Persönlichen zu befreien scheint die Hauptsorge dieser Menschen zu sein. Sie zeigen sich eher unterkühlt, wobei dies aus einer inneren Leere heraus entsteht, die durch Ehrgeiz kompensiert wird. Diese Leere kann auch an die Substanz gehen und alle Lebensenergie aufsaugen, was zur Folge hat, daß die Horoskopeigner melancholisch werden. Sie schließen sich in einem Tempel ein, der Göttern geweiht ist, die Buße, Verzicht und Härte gegen sich selbst fordern. Schenkt die Sonne der pessimistischen Stimme des Mondes kein Gehör, kann sich dieser Horoskopeigner leichter den Mitmenschen zuwenden. Auf jeden Fall erweist sich die Auseindersetzung mit der Außenwelt als schwierig, denn die Wahrnehmung ist zu komplex. Es mangelt an gesundem Menschenverstand, ebenso an der Fähigkeit, Barrieren wegzuräumen und sich so zu zeigen, wie man wirklich ist. Der Aspekt der

Materie und Askese wird als wichtig empfunden. Diese Menschen möchten neue Lösungen finden, doch manchmal geraten alte und neue Ideale durcheinander.

Selten verlieren diese Geborenen die Kontrolle über sich. Bindungen werden nicht aktiv gesucht, zwischenmenschliche Beziehungen behalten eher den Charakter von Freundschaft und geistiger Verwandtschaft als den der körperlichen Vereinigung. Die Ansichten der Mitmenschen werden mit sehr viel Toleranz behandelt. Frauen mit dieser Kombination sind nicht besonders mütterlich, sie ziehen Unabhängigkeit und soziales Engagement einem monotonen häuslichen Leben vor.

Sonne im Wassermann und Mond im Wassermann

Wiederum kommen zwei Luftzeichen zusammen, aber hier haben wir es nicht mehr mit der verspielten Brise der Zwillinge zu tun, sondern mit dem tiefen Raum des Kosmos. Der Individualismus ist wohl auf die Zukunft gerichtet, bleibt hier jedoch auf paradoxe Weise immer in einem menschlichen und kollektiven Rahmen. Die Materie erlebt man als schwerfällig und rauh, man muß ihr ausweichen, denn sie könnte die eigene Transparenz, das Bedürfnis nach offenen Räumen und leuchtenden Ideen trüben. Menschen mit dieser Konstellation reagieren empfindsam auf Zyklen. Sie erspüren, was der Mensch im Laufe seiner evolutionären Entwicklung bewahrt hat und insofern sind sie direkt empfänglich für Neuheiten, Moden und Vorlieben des Zeitgeschmacks. Sie wirken als Vorreiter des gegenwärtigen Schicksals der Menschheit. Ihre Innovationsgabe ist groß und alle intellektuellen Betätigungen liegen ihnen. Häufig fällt es schwer, den Alltag zu leben und dabei die Ferne der Unendlichkeit in sich zu tragen. Der Mond in diesem Zeichen bringt vielseitige und einfallsreiche Persönlichkeiten hervor, doch sind die Ideen häufig zu wirklichkeitsfern, die Ideale schweben in den Wolken und haben keine Verankerung auf dem festen Boden der Tatsachen. Diese Konstellation ist nicht gerade vertrauenserweckend, was Konstruktivität und Ausdauer betrifft, doch können sich diese Menschen für eine Idee oder eine Freundschaft durchaus selbst vergessen.

Auf der Ebene der Gefühle und Zuneigung kann man sagen, daß sich hier die menschliche Liebe auf der Suche nach Gott befindet und ihr Streben richtet sich auf das Jenseits. Wir befinden uns im Bereich des puren Idealismus. Dies ist der Traum des Engels, der nicht Mensch werden will, um sich nicht zu beschmutzen. Es besteht zweifellos die Gefahr, daß die Horoskopeigner immer nach dem Unerreichbaren streben und schließlich aus Angst vor zu großer Beteiligung der Gefühle nur offene, intellektuell betonte, unkonventionelle Beziehungen eingehen. Dies alles nur, weil sie unbedingt »anders« sein müssen, weil sie nicht zugeben können, daß die Menschen im Schlamm dieser Erde am Rande der Galaxie und die Engel in himmlischen Sphären leben, die nicht einmal Astronauten erreichen können.

Bei beiden Geschlechtern liegt diese schöne, aber ambivalente Gefühlstendenz der Partnerwahl zugrunde, was positive, aber auch viele negative Auswirkungen haben kann. Wassermann kann man im Mythos mit Prometheus vergleichen, dem Titan, der den Göttern das Feuer raubte, um es den Menschen zu schenken. Genauso gießt der Mensch im Zeichen des Wassermann sein gesamtes Selbst aus der Amphore und gibt sich ganz und gar seiner Idee hin.

Sonne im Wassermann und Mond in den Fischen

Diese Konstellation ist wenig praktisch ausgerichtet, stattdessen erweist sie sich als sehr ätherisch und von so subtiler Empfindsamkeit, daß sie oft schwer zu finden, kaum zu ergründen und im Grunde genommen unzugänglich ist. Diese Menschen haben das ehrliche Bedürfnis, anderen zu helfen und sich selbst für deren Leiden und Erfahrungen zu öffnen. Diese Verbindung von Luft und Wasser wird dort geschlossen, wo Meer und Firmament sich am Horizont vereinen. Die Sonne bewegt sich vom Bekannten (Wissenschaft, Gegenwart) hinweg zu unbekannten Gefilden (Zukunft) und spiegelt sich so ins Universale.

Mit einem Schaudern öffnet sich dieses Wesen dem Unendlichen, voller Bewunderung für den Mythos von Ikarus. Es möchte sich aus dem Gefängnis der Materie befreien, und sei es durch Anarchie, eine Entgleisung der Sinne oder bislang noch unbekannte Poesie. Es sind Begabungen im sozialen Bereich, in Kunst, Religion und Politik vorhanden, doch es fehlt eine gewisse Kontinuität im Handeln und die Fähigkeit, Vorhaben konkret und solide in Angriff zu nehmen. Inspiration, Charisma und Intuition konzentrieren sich auf eine Idee oder Lebensentscheidung.

Männer sehen in der Frau gerne eine Göttin, eine Botin aus dem Reich des Unsichtbaren und Unergründlichen. Ihr Idealbild nimmt oft extreme Züge an und Hingabe ist für sie Pflicht. Bei den Frauen ist das religiöse Empfinden sehr ausgeprägt, sie verkörpern das Ideal der Beatrice bei Dante, der inspirierten und inspirierenden Mittlerin zwischen göttlicher und menschlicher Realität. Im praktischen Alltag verlaufen Freundschaften günstiger als Liebesbeziehungen, die wiederum auch die Tendenz enthalten, im Laufe der Zeit immer mehr zu einer Freundschaft zu werden. Ansonsten werden sie stark idealisiert und verlieren alles Irdische. Diese Geborenen möchten Wolken, Engel und Sirenen lieben, sie sind nicht konform, suchen unkonventionelle Beziehungen oder eine unmögliche und trügerische Liebe. Frauen sind gerne von missionarischem Eifer beseelt und brauchen einen praktischen und lebensnahen Partner als Gegengewicht.

Sonne in den Fischen

Sonne in den Fischen und Mond im Widder

Eine passive und verträumte Sonne in Verbindung mit einem glühenden Mond. Diese Kombination verstärkt sicher die Vorstellungskraft. So ist die Phantasie vielfältig, überschwenglich und kreativ, sie ergießt sich in viele kleine Bäche, die aber häufig ihren Hauptstrom nicht finden können. Gefühl und Leidenschaft halten die Oberhand über Wille und Verstand, sie haben freies Spiel und werden nur in geringstem Ausmaß von der Vernunft gesteuert. Intuition lautet das Zauberwort, das viele Türen öffnen kann. Das sanft und nachgiebige Wesen der Sonne wird durch die impulsive und nahezu brutale Phantasie gestört. Diese Menschen wünschen sich oft aus vollem Herzen Harmonie und das Wohl der Gemeinschaft und dennoch erweisen sie sich ganz unerwartet als reizbar und aggressiv.

Die vorliegende Verbindung von Sonne und Mond ist förderlich für religiöse Interessen, denn sie verbindet den Sinn für das Transzendente (Sonne) mit dem konkreten, übereifrigen und dadurch leicht missionarischen Wesen des Widder-Mondes. Diese Persönlichkeit kann weich und von Sehnsucht geprägt erscheinen, oder ihr Sehnen flößt dem mystischen Kampfgeist einen undurchdringlichen Idealismus ein.

Auf der Gefühlsebene haben wir es mit einer sehr romantischen Konstellation zu tun, deren Leidenschaftlichkeit eher im Bereich der Phantasie als im praktischen Leben zu finden ist. Die für die Fische typische Zärtlichkeit wirkt unter dem Einfluß des Mondes weniger geziert. Männer mögen es, wenn ihre Partnerin sie aktiviert und mitreißt. Bei Frauen verbindet sich die Anpassungsfähigkeit und Sanftmut des Sonnenzeichens mit einem leidenschaftlichen Temperament, das verantwortlich ist für ihren Drang, zu helfen, sei es nun im sozialen oder im emotionalen Bereich, auch wenn es gelegentlich Verwirrung stiftet.

Sonne in den Fischen und Mond im Stier

Diese sensible, höfliche und aufnahmefähige Konstellation ist der konkreten Seite des Lebens verbunden. Die für die Fische typische Neigung, sich in Situationen und in Idealen zu verlieren, wird hier durch einen Mond vermindert, der zwar reich an Gefühlen, aber wenig geneigt ist, schwärmerische Träumereien zu tolerieren. Die gefühlsbetonte Seite steht in Verbindung mit der Freude an Kommunikation und Gastfreundschaft sowie daran, Erfahrungen mit anderen zu teilen. Der Familiensinn und die Freude an den einfachen Dingen des Lebens können so wichtig werden, daß schließlich die sonnenbetonte Seite zurückgedrängt und ein materialistischer Aspekt spürbar wird. Positiv wirkt sich aus, daß der Mond im Stier mit Eifer an der Verwirklichung seiner Pläne arbeitet, welche die Fische-Sonne vermutlich für immer in einem embryonalen Zustand belassen würde.

Bei Frauen erzeugt diese Konstellation einen ausgeprägten Sinn für Mütterlichkeit, während diese mondbetonte, erdgebundene Komponente bei den Männern zu Kreativität führen kann. Dies ist selbstverständlich auch bei den Frauen nicht ausgeschlossen, doch können diese ihre mütterlichen und empfindsamen Seiten auch ausleben, ohne sublimieren zu müssen.

Menschen mit dieser Konstellation verhalten sich in ihren Gefühlen mit großer Vorsicht, doch sobald das richtige Gefühl entsteht und wächst, sind sie zu großer Leidenschaft fähig. Die Fische-Sonne tendiert dazu, Liebesgefühle zu verdrängen, während der Mond im Stier für eine konkretere Art von Zuneigung empfänglich ist. Aus diesem Grunde entsteht oftmals eine Unsicherheit in Bezug auf den Gegenstand der Liebe. Bei Frauen ist in der Regel die Mondseite stärker ausgeprägt, während Männer diesen Aspekt eher auf ihre Partnerin projizieren.

Sonne in den Fischen und Mond in den Zwillingen

Unter dieser Konstellation entsteht eine bizarre Persönlichkeit, die einerseits unruhig, labil in ihren Gefühlen und ruhelos ist und andererseits eine von Labyrinthen durchzogene, geradezu schwindelerregende Phantasie besitzt. Es ist schwer zu sagen, ob Extrovertiertheit oder Introvertiertheit überwiegt. Im einen Fall haben wir es mit einer eisigen, ungewissen Weltsicht, fernab der Realität zu tun, im anderen Fall mit einer nervösen Intensität, die sprühende und schillernde Einfälle hervorbringt. Gefühle können eine unendliche Palette an Schattierungen durchlaufen, ein wahres Kaleidoskop, das alle Farben des Regenbogens enthält. Das Wesen dieser Geborenen ist flüchtig, es maskiert sich und ahmt das Leben nach wie ein magisches Chamäleon. Sie lügen, ohne es zu wissen und sagen die Wahrheit, ohne es zu wollen. Die Fische-Sonne ist wasserbetont und voller Wärme und Mitgefühl. Der Mond in den Zwillingen ist kühl und scherzhaft, doch kann bei beiden das Lachen zum Weinen werden. Diese Kombination steht für Kreativität und literarische Begabung, Neugier und Empfindlichkeit, aber immer auch für Unbeständigkeit.

Anpassungsfähigkeit gehört zu den wesentlichsten Eigenschaften und kann auch in den Beziehungen sehr nützlich sein. Wenn es einem nicht gelingt, eine Rolle anzunehmen oder sich im anderen zu verlieren, bleibt immer noch die Möglichkeit, sich anzugleichen, und sei es nur oberflächlich. Unbeständigkeit in den Gefühlen gehört vor allem bei Frauen zu den typischen Merkmalen dieser Konfiguration, denn sie neigen dazu, einem flüchtigen Trugbild nachzulaufen. Sie sind imstande, sich jedem Partner anzupassen, vorausgesetzt dieser verfügt über Phantasie, ist jugendlich und großzügig. Auch Männer können unbeständig und unsicher wirken und dadurch in eine masochistische Beziehung zu einer ewig jungen, schönen und untreuen Frau geraten. Das sympathische Wesen und das Redetalent wird manchmal zu einem zweischneidigen Schwert. Für die Horoskopeigner entstehen dadurch viele Freundschaften und Beziehungen, die ihre Ruhelosigkeit und Wechselhaftigkeit geradezu fördern.

Sonne in den Fischen und Mond im Krebs

Diese Planetenverbindung ist überaus empfindlich und den Gefühlen unterworfen. Die Geborenen bleiben dem verlorenen Paradies der Kindheit verhaftet und das nostalgische, magische, mondhafte Wesen mit all seiner Innerlichkeit steht im Vordergrund. Der Wunsch der Sonne nach einer Auflösung im Universellen verbündet sich mit der Sehnsucht des Krebs-Mondes, den vollkommenen Zustand der Kindheit wieder herzustellen. Dies äußert sich in einem Bedürfnis nach Auflösung der Grenzen, nach einer Rückkehr zu den Ursprüngen, nach etwas Höherem, in dem man aufgehen kann. Ob es sich um ein religiöses, ein politisches, ein künstlerisches oder ein okkultes Ideal handelt, immer kommt ihm der große Phantasiereichtum, der Sinn für das Wunderbare und das Einfühlungsvermögen dieser Persönlichkeiten zugute. Die Geborenen sind friedfertig, selbstlos, verwundbar und übersensibel. Ihre Liebesfähigkeit steigert sich bis zur Aufopferung für ein Bild, das fast sakrale Züge annehmen kann. Bei Männern entspricht dies oft einem Mutter-Archetyp, den sie in der Frau suchen. Die Frauen können passiv sein und als Kindfrau einen Beschützer suchen. Sie können sich aber auch zu jenem Typ Frau entwickeln, der das Mutterbild positiv annimmt und dann selbst dessen zärtlichen Eigenschaften ausstrahlt. Bei der Partnerwahl lassen sich beide Geschlechter von Herz und Seele leiten, niemals vom Verstand.

Mit zu dieser Konstellation gehören natürlich die Gespenster der Vergangenheit, nächtliche Alpträume, Gefühlsanwandlungen oder auch »nervöse« Magenschmerzen. Es fehlt ein wenig der feste Boden unter den Füßen und vor allem an Kräften, die einen aus dem Stadium der Phantasie und Vorstellung auf eine praktisch orientierte Stufe führen. Das »Leben als Traum«, die Beschaulichkeit in der Familie, Freundschaften und Erinnerungen gehören ebenfalls zu dieser intuitiv ausgerichteten, der Innenwelt zugewandten und harmonisch gesinnten Sonne/Mond-Verbindung. Ihre Hauptstärke liegt in der Fähigkeit, sich schöpferisch auszudrücken.

Sonne in den Fischen und Mond im Löwen

Diese Kombination ist nicht sehr ausgewogen, denn der Mond im Löwen träumt von Idealen, die allzu leuchtend und großartig sind für die stille Kraft der Sonne, die sich möglichst ein ruhiges Leben ohne unnötige Sorgen wünscht. Auf einer unbewußten Ebene wirkt jedoch auch ein Wille zur Macht, der für alles, was man sieht und denkt wie ein Vergrößerungsglas wirkt. Menschen mit dieser Konstellation wollen und wollen doch nicht. Der groß angelegte humanitäre Elan mit seiner romantischen Färbung kann eine gewisse Befriedigung darstellen, denn den Mitmenschen zu helfen empfindet man als schön. Dies kann einem auch das Gefühl verleihen, wichtig zu sein, doch wenn sich der Hochmut des Löwen mit der Überempfindlichkeit der Fische verbindet, kann der Horoskopeigner überempfindlich werden.

Wir haben es hier mit einem edlen, offenen, geselligen Charakter mit großartigen Erwartungen zu tun, doch oftmals ist der Sinn für die Realität nicht richtig entwickelt. Die Euphorie des Mondes wirkt zuweilen ansteckend auf die Sonne und ihr Traumbedürfnis. Aber der unbewußt vorhandene Wunsch zu glänzen entspricht oft nicht der äußeren Bescheidenheit. Außerdem sehnen sich die Fische nach einer Einheit des Einzelnen mit dem Ganzen, während der Löwe umgekehrt nach der Synthese des Ganzen im Einzelnen sucht. Der Vorgang als solcher ist der gleiche, aber aus unterschiedlichen Blickwinkeln betrachtet.

Bei den Frauen dominieren die Eigenschaften des Löwen: sie sind ein wenig Pfau. Bei den Männern wird der Darstellungsdrang gerne auf die Partnerin verlagert, so daß bei ihrer Wahl vor allem Äußerliches eine Rolle spielt. Frauen suchen einen Partner, der sie tief bewundert und sich von ihnen und ihrem Ehrgeiz lenken läßt. Romantik ist in diesen Beziehungen immer unabdingbar.

Sonne in den Fischen und Mond in der Jungfrau

Diese Konstellation birgt einen Widerspruch in sich, denn die Zeichen Fische und Jungfrau stehen für zwei gegensätzliche Auffassungen über das Dasein. Für die Fische-Sonne ist das Erleben mit großer Gefühlsintensität verbunden, mit tiefer innerer Beteiligung und mit starkem Mitgefühl. Der Jungfrau-Mond sucht innere Sicherheit, Klarheit und feste Wurzeln. Die Sonne trägt in sich eine unbewußte Angst davor, sich gehenzulassen oder keine Anerkennung zu finden. Daraus erwächst eine Spannung, nämlich einerseits das Ganze zu umfassen, und andererseits Einzelheiten zu wählen, das heißt, eine wirkliche Verbindung beider Prinzipien wird immer schwierig sein. In der umgekehrten Stellung bemüht sich eine verstandesbetonte Sonne, die Ideen eines in seinen Träumen gefangenen Mondes zu erhellen, aber hier läßt der Wunsch nach Objektivität und Einfachheit die Erwartungen und die Aufnahmefähigkeit der Sonne erstarren. Diese Menschen sind vorsichtig, höflich und ruhig, aber emotional nicht stabil. Sie weichen immer wieder aus Unsicherheit zurück, verschließen sich und werten sich selber ab.

Im Gefühlsbereich bereitet diese Konstellation Schwierigkeiten, denn sie begünstigt Melancholie, eine übertriebene Hingabe und masochistische Verhaltensweisen. Der Mangel an Instinkt wird durch Einfühlungsvermögen ausgeglichen, das Gefühl wird dabei gründlich analysiert. Frauen bringen ihre Weiblichkeit schwächer zur Geltung, sie sind genügsam und ergeben, ihnen mangelt es aber an Spontaneität. Sie benötigen einen empfindsamen Partner, der sie dazu bringt, mehr aus sich herauszugehen und weniger zu denken. Männer suchen eine Partnerin, die sie idealisieren können, müssen sich aber vor einer allzu berechnenden und moralisierenden Gefährtin in Acht nehmen, denn diese würde ihnen nicht helfen, ihre Bescheidenheit abzustreifen.

Sonne in den Fischen und Mond in der Waage

Menschen mit dieser Konstellation suchen die Harmonie, sie besitzen Taktgefühl und Geschmack. Sie haben einen guten Sinn für das richtige Maß der Dinge und erkennen die Zwischentöne der Wirklichkeit. Sie spielen gerne mit dem, was die Anschauungen der anderen auf ihre eigene Weltsicht spiegelt. Die Sonne repräsentiert die Gesamtheit des Daseins, der Waage-Mond trifft aus seiner distanzierten Haltung heraus eine Auswahl. So kommen dem Geborenen Zweifel darüber, welches die bessere Einstellung ist – die gefühlsbetonte oder die eher an der Form orientierte. Manchmal weiß man nicht so recht, ob man ein Intellektueller oder ein Künstler ist, aber man zählt zu denjenigen Menschen, die ihren Ahnungen vertrauen sollten. Das Vermögen sich anzupassen ist in jedem Falle sehr groß, und man ist der geborene Diplomat. Was immer man in Angriff nimmt, man möchte Geist und Gefühl verbinden. Dies ist nicht so ganz einfach und so ist die Phantasietätigkeit ist eher träge, aber dennoch fruchtbar und erbringt bizarre Ergebnisse.

Diese Persönlichkeit tendiert zur Extrovertiertheit. Die Verschmelzung mit einer gesichtslosen Masse übt zwar ihren Reiz aus, wird letzten Endes aber als vulgär zurückgewiesen. Es fehlt an Unternehmensgeist und Ehrgeiz, denn dieser bleibt der Angst vor zuviel Verantwortung untergeordnet.

Im Gefühlsbereich sind diese Menschen zärtlich veranlagt und voller Anmut. Beide Geschlechter lieben es, zu gefallen, sich dem Partner anzupassen, seinen Geschmack und seine Interessen anzunehmen und sie verabscheuen dramatische Szenen. So kann es durchaus vorkommen, daß man in Abhängigkeit gerät und nur um des lieben Friedens willen über lange Zeit in einer unbefriedigenden Beziehung stecken bleibt. Dieses Verhalten entspringt einer latenten Angst, zurückgewiesen zu werden, denn jene Menschen brauchen immer jemanden um sich.

Sonne in den Fischen und Mond im Skorpion

Hier verbinden sich verwandte Elemente: die Sonne ist eingetaucht in den ozeanischen Bereich der Fische, während der Mond in den Wassern des Skorpions schwimmt, die zwar trüb, aber reich an seelischen Regungen sind. Der Gefühls- und Intuitionsbereich wird bis in unkontrollierbare Regionen getrieben, was Nervosität und überzogene Reaktionen erzeugt. Oft entwickeln sich zwei Seelen in einer Brust: das starke körperliche Verlangen des Skorpion-Mondes verbunden mit der emotionalen Empfänglichkeit der Fische-Sonne, kann im Bereich von Zuneigung und Gefühl zu Ausschweifungen führen. Ebenso angezeigt ist ein hitziges und triebgeleitetes Temperament, das gerne eifersüchtig und als Racheengel reagiert. Gelingt es jedoch, beide Wesensteile in die Persönlichkeit zu integrieren, so erlangt der Horoskopeigner ein besonderes Empfinden dafür, wie er anderen helfen kann. Er spürt die Vibrationen jener Saite, die in jedem heimlich schwingt und die die Melodie zur geistigen Vereinigung erschließt. Oft können diese Tendenzen nebeneinander bestehen, auch ohne in Widerstreit zu geraten, aber meistens gibt es Kämpfe zwischen dem Dämon und dem Engel im Inneren. Man ist sich nicht sicher, ob das trübe Wasser der eigenen Besorgnis in das unermeßliche Meer der Menschheit eingehen soll. Die Horoskopeigner sind oft unfähig, sich für einen eigenen Lebenstil zu entscheiden, sie zögern und zweifeln, aber sie kennen durchaus die eigenen Grenzen und Widersprüche.

Der Skorpion-Mond kann sich in Beziehungsangelegenheiten gut mit der Fische-Sonne arrangieren, auch wenn er mit seinen starken Sehnsüchten manchmal störend wirkt und die Sonne schwächt. Seine Triebhaftigkeit geht im transzendenten Sonnenlicht auf und erhebt sich auf eine höhere Stufe. In der Liebe sind diese Menschen in mancher Hinsicht geheimnisvoll; sie sind sensibel, leidenschaftlich, eifersüchtig und unergründlich. Aber immer sind sie sich ihrer selbst und ihrer Beweggründe bewußt. Frauen suchen einen Partner, der ihre sinnliche und romantische Seite schätzt. In der Partnerwahl verhalten sie sich oft widersprüchlich oder treffen extreme Entscheidungen. Männer neigen dazu, ihr Leben in einen ruhigeren und romantischen und in einen intensiven und geheimnisvollen Bereich zu teilen. Moral ist für diese Geborenen jedoch generell immer ein heikler Punkt.

Sonne in den Fischen und Mond im Schützen

Diese Konstellation ist überaus verinnerlicht und menschlich, denn sie verbindet die »wasserlastige« Sehnsucht, ihren Sinn für das Übernatürliche mit dem heiligen Feuer des Schützen, der immer bereit ist, einer Idee oder einem Glauben zu folgen. Wir begegnen hier ernstgemeinter menschlicher Wärme und dem ehrlichen Bedürfnis, auf die Menschen zuzugehen, ihre Gefühle und ihre Leiden nachzuempfinden. Im weiter gefaßten Sinne ist dies eine religiöse Konstellation, die sich in der Politik oder in sozialen und helfenden Berufen engagiert. Gemeinschaftliche Ideen sind hier sehr wichtig, was oft zu einer eher traditionell ausgerichteten Weltanschauung führen kann. In geistiger Hinsicht haben diese Menschen zuviel Vertrauen in ihre Intuition und in das Übersinnliche, sie werden leicht zu Opfern von Illusionen, sie gehen gleichsam unter in einem Ozean, an dessen Horizont sie viele trügerische Irrlichter leuchten sehen. Sie haben aber in jedem Fall ein gutes Gespür für andere Menschen, können sich leicht auf deren »Wellenlänge« einstellen und Anteil nehmen.

Es fehlt diesen Persönlichkeiten nicht an Charisma und Anziehungskraft, doch ihre Erregbarkeit kann oft zu weit gehen oder zu emotionaler Übertreibung und materieller Verschwendung führen. Im allgemeinen ist diese Konstellation als durchaus günstig zu betrachten und führt zu Hingabe und Idealismus. Solange der Geborene in einer Beziehung lebt, die viel Raum für geistiges Forschen und sozialen Austausch läßt, wird er ein hingebungsvoller und liebevoller Partner sein. Aber er braucht gelegentlich eine Phase des kontemplativen Rückzuges, um sich wieder mit seinem Optimismus in Einklang zu bringen. Männer suchen eine Partnerin, die sie auf den Sockel heben können, Frauen wünschen gerade eine derartige Beziehung recht oft, oder sie suchen jemand, den sie anbeten können. Dies ist die Geburtskonstellation von Gabriele D'Annunzio – ein wenig dekadent angehaucht, voller Orchideen und fremdartiger Düfte.

Sonne in den Fischen und Mond im Steinbock

Die Sonne im träumerischen letzten Zeichen des Tierkreises wird von dem strengen winterlichen Mond zum Verzicht aufgerufen. Sie soll sich nicht an eine Welt voller trügerischer Sicherheiten klammern und über die Grenzen dieser Welt hinausschreiten. Sind die Stimmen der Materie verstummt, kann der Mensch das geheimnisvolle und allumfassende Schweigen vernehmen, das alle Fischegeborenen, auch die Atheisten unter ihnen, hören und kennen. Die Befruchtung des Geistes durch die asketische Disziplin des Steinbock-Mondes ist aber nur für jene befriedigend, die große metaphysische Ideale haben. Meist ist es schwer, der Welt und ihren Freuden zu entsagen, denn diese können eine innere Leere füllen. Oder der Horoskopeigner erlebte seitens seiner Mutter eine gewisse Distanziertheit, die er nie zu akzeptieren lernte. Was könnte das Ergebnis sein? Vielleicht ein egozentrisches und verweichlichtes Wesen, das in späteren Jahren eine innere Umkehr vollzieht. Oder, und dies ist wahrscheinlicher, von Anfang an ein verbissener Einsatz für religiöse, politische oder soziale Ziele. Gelegentlich sind damit Erwartungen verbunden, die für den Energiepegel der Sonne zu hoch sind.

Das Wasser der Fische findet in der Erde des Steinbocks zwar ein festes Ufer, doch wenn diese Sublimation nicht gelingt, läuft der Horoskopeigner Gefahr, in den belanglosesten Bereichen des menschlichen Lebens stecken zu bleiben. Er verharrt dann im Schatten, mit all seinen begonnenen und wieder dem Zerfall anheimgegebenen Träumen, denn der Steinbock verlangt nach einem festen Grund. Es handelt sich aber nicht um einen Kampf zwischen Traum und Wirklichkeit, denn Wasser und Erde sind verträgliche Elemente, sie wirken befruchtend aufeinander und in den meisten Fällen gelingt ihre Verbindung.

Im Gefühlsleben befinden sich Menschen mit dieser Konstellation schnell in einer gewissen Verteidigungshaltung und wirken dadurch leicht introvertiert oder gar kühl. Sie erwecken möglicherweise den Eindruck, daß sie sich vor einer Zurückweisung fürchten, es geht ihnen jedoch nur um den Schutz ihrer leicht zu verletzenden Gefühle. Ihr innerer Kern ist weich und empfindlich wie der einer Muschel, und ebenso rauh ist ihre Schale. Männer suchen Partnerinnen, die ihre inneren Ängste lindern und es ihnen damit ermöglichen, ihnen ihr wahres Glück zu zeigen. Frauen wenden sich manchmal der Politik zu. Sie sind sehr offen und auch schwer zu erobern und suchen einen sensiblen Mann, bei dem sie nicht die Rolle der »Musterehefrau« spielen müssen.

Sonne in den Fischen und Mond im Wassermann

Diese Konstellation ist sensibel und zukunftsorientiert; sie besitzt viel Phantasie und Ideenreichtum, aber auch einen Sinn für die Wunder des Lebens. Die Fische-Sonne öffnet sich weit, um das Universum in sich aufzunehmen und den Kosmos zu umfangen. Der Mond im Wassermann bringt die gute Beobachtungsgabe und den Wunsch nach Sublimierung mit sich, den man braucht, um die materielle Ebene verlassen zu können. Nur auf diese Weise gelingt es, nicht in dem dunklen Brunnen stecken zu bleiben, aus dem das Wasser des Geistes geschöpft werden soll. Der Mond unterwirft sich einer Läuterung des Instinkts und regt dadurch die Tendenz für Mystik an, aber auch den Sinn für Gruppen und Kollektive. Exotik und Fremdartiges üben immer einen Reiz aus, aber bei aller Anziehungskraft des Andersartigen besteht auch eine gewisse Abhängigkeit von den Werten und Idealen des Umfeldes und der Gesellschaft. Es kommt zum Konflikt zwischen der Sehnsucht nach Durchdringung und Vereinigung der Fische-Sonne und dem Streben des Wassermannes, teilnahmslos zu beobachten. Aber auch wenn eine Art widerspenstige Distanziertheit zu beobachten ist, es bleibt dennoch der Sinn für die Einheit mit dem Göttlichen und die religiöse Kraft erhalten. Der Vorrat an Ideen ist vielfältig und es gibt zahllose Theorien zu erforschen. Diese Geborenen verfügen über die Fähigkeit sowohl mit der linken als auch mit der rechten Gehirnhälfte zu lernen. Allerdings fehlt dem Horoskopeigner das Talent zu planen und der Sinn für die Wirklichkeit und er muß sich diesbezüglich an jemand anderen wenden. Politische, soziale und menschliche Problemstellungen sind fruchtbare Betätigungsfelder. Utopie steht auf ihren Fahnen geschrieben, die ständig im Wind der Phantasie flattern.

Auch auf der Ebene der Gefühle zählt die Utopie, man bringt seinen humanitären Geist in die Beziehung ein und die Freude erwächst für diese Geborenen aus verschiedenen Tätigkeitsfeldern wie Musik, Philosophie und Freundschaften. Diese Beziehungen scheinen in einer Art Heißluftballon oder Luftschiff zu schweben, in dem man nach oben steigt, die Wolken berührt und über den Köpfen der Menschheit schwebt. Die Frauen erinnern an eine Madonna, die einen Heiligenschein von Extravaganzen trägt und die Männer folgen diesem Frauenideal.

Sonne in den Fischen und Mond in den Fischen

Menschen mit dieser empfindsamen Kombination leben in dem Bewußtsein, die Zelle eines einzigartigen Organismus zu sein, ein winziges Atom, das in der Berührung mit dem Universum seine Erleuchtung finden kann. Dies gilt für die reiferen Persönlichkeiten. Den schlichteren Gemütern dient das Geheimnisumwobene als Leinwand, auf die sie ihre Visionen, Träume und Glaubensvorstellungen projizieren und sich so eine Art unsichtbare Kirche konstruieren können. Dabei mag es sich um blinden Glauben oder um blinden Atheismus handeln, auf jeden Fall spielt das Gefühl der Einheit und Ganzheit eine große Rolle. Der Fischegeborene weiß im Grunde seines Herzens, daß er nicht sich selbst gehört, sondern Teil eines Lebensstroms ist, der in und um ihn fließt. Er ist offen für romantische Ideen und Mythen, für Empfindsamkeit und Spiritualität. Oftmals sind diese Menschen überempfindlich und entsprechend ängstlich veranlagt, sie brauchen äußere Unterstützung, denn sie sind sich und anderen gegenüber meist nachlässig. Man läßt sich gerne tief ins Herz blicken und ist sehr leicht beeinflußbar. Sie können die Probleme anderer Menschen oft von innen heraus nachempfinden und sind von daher für gemeinschaftliche Ideen empfänglich.

In der Begegnung mit anderen wirken die Horoskopeigner weich und sanft. Sie sind oft hingebungsvoll und bieten gerne ihre Hilfe an. Ihre Zärtlichkeit ist echt gemeint. Daneben tragen sie auch eine verschwommene und nebulose Seite in sich, die Unruhe und Melancholie erzeugt. Sie stellen Fragen, auf die sie keine Antwort finden können, die ihnen aber gleichzeitig das Gefühl innerer Kontinuität und den Glauben an die Prozesse des Lebens geben. Sie können sich ihren Träume, ihrer Intuition und ihrer Verinnerlichung hingeben, aber ebenso ist es möglich, daß sie von Selbsttäuschung und Trugbildern leben, und daß es ihnen an Willenskraft mangelt. Häufig besteht bei ihnen auch eine große Unsicherheit und Verwirrung über ihre Lebensziele, aber schließlich war das Chaos jener Zustand, aus dem die Schöpfung hervorging, und manchmal bildet gerade dieses die Voraussetzung für einen Geniestreich. Menschen mit dieser Konstellation tragen gerne Masken, oft auch mehrere übereinander, sie können Schauspieler, Schwindler oder Heilige sein, wer weiß das schon?

Im Gefühlsleben sind sie die unheilbaren Romantiker und Liebe dient als Nahrung für ihre Seele. Für die Liebe würden sie alles opfern, deswegen müssen sie sich unbedingt vergewissern, ob der Partner dies auch wert ist. Ein erdbetonter Partner hilft, den Bezug zur Realität nicht zu verlieren, ein luftbetonter Partner wird sich bemühen, mehr Objektivität zu vermitteln. Die Geborenen sollten aber auf keinen Fall ihre Träume verleugnen. Frauen nehmen gerne eine zweideutige Rolle ein, sie können hingebungsvoll sein bis zum Masochismus und suchen einen Mann, der für ihren Wunsch nach völliger Vereinigung empfänglich ist. Die Wünsche der Männer tendieren in eine ähnliche Richtung und vielleicht hängen sie dem Mythos einer Göttin nach, auf deren Altar sie sich opfern können.

DANE RUDHYAR

Astrologie und Psyche

Das Selbst im Spiegel des Kosmos

288 Seiten, broschiert, 6 Abbildungen
ISBN 3-925100-10-5

Ein Glas kann mit Gift oder einem süffigen Wein gefüllt sein, beide Flüssigkeiten werden von der Form des Glases gestaltet. Ähnlich verhält es sich mit der Psyche: selbst wenn die Struktur (z. B. im Horoskop) festgelegt ist, so muß dies noch lange nicht bedeuten, daß auch die Ereignisse, welche dieses Grundschema mit Leben erfüllen, ebenfalls schon vorherbestimmt sind. Mit ganzer Überzeugungskraft vermittelt der Autor seine Botschaft: das Horoskop ist eine Archetyp besonderer Art. Rudhyar deckt auf, daß die Astrolgie sehr wohl bei der Entwicklung der Persönlichkeit Pate stehen kann. Gleichzeitig versäumt er es aber auch nicht, auf die darin verborgenen Gefahren hinzuweisen. Besonders wertvoll sind seine Ausblicke auf die Mysterien von Schlaf und Traum, die sexuellen Faktoren der Persönlichkeit, die großen Wendepunkte im Leben und den erfolgreichen Umgang mit Krisen. Hier gibt er nicht nur Hilfestellungen zur Lösung von Problemen, sondern demonstriert anhand grundmenschlicher Erfahrungen die Einheit von Individuum und Universum.

Dieses Buch läßt sich auch in Phasen persönlicher Krisen gut lesen, man wird verstärkt daraus hervorgehen, weil die Sinnfrage gezielt angesprochen wird – im Gegensatz zu vielen »Deutungs-Kochbüchern«, deren Lektüre in diesem Fall beinahe »tödlich« sein kann.
Meridian

LIANELLA LIVALDI-LAUN

Lilith, die Begegnung mit dem Schmerz

Die Astrologie des Schwarzen Mondes

160 Seiten, geb., monatliche Ephemeriden 1900-2050, 66 Abb.
ISBN 3-925100-15-6

Lilith war nach hebräischer Tradition die erste Frau Adams, die dunkle Erscheinung der weiblichen Gottheit. In der Astrologie entspricht Lilith dem Schwarzen Mond. Es handelt sich hierbei *nicht* einen hypothetischen Planeten, sondern um den zweiten Brennpunkt der Mondellipse. Sie stellt heraus, daß Lilith die nicht integrierte Anima in der männlichen Psyche darstellt, während sie in der weiblichen Psyche den Schatten verkörpert. Lilith entspricht dem Prinzip der unerfüllten Wünsche: dem Gefühl, welches nach der Vertreibung aus dem Paradies in uns zurückgeblieben ist. Neben der Deutung in den Häusern werden vor allem die Aspekte zu den persönlichen Planeten besprochen. Einen Schwerpunkt bildet die Untersuchung von Liliths schädlichem Einfluß bei Erkrankungen der Geschlechtsorgane oder bei schwierigen Partnerschaften. Ein Exkurs zur Astronomie und monatliche Ephemeriden für die Jahre 1900-2050 runden das Gesamtwerk ab.

Der Mond ... galt als höchster Ausdruck der Weiblichkeit, mit positiven und negativen Valenzen; er war für den Menschen immer sichtbar. Lilith hingegen entsprach einem gefährlichen, dunklen weiblichen Bild.
Roberto Sicuteri

CHIRON VERLAG

BETH KOCH

Die Astrologie der Träume

220 Seiten, geb. mit Schutzumschlag
ISBN 3-925100-14-8

Ein Drittel unseres Lebens verbringen wir im Schlaf. An der Grenze zwischen Wachbewußtsein und Schlaf begegnen wir den Träumen, die in Bildern zu uns sprechen. Beth Koch zeigt, daß eine enge Verbindung zwischen der Symbolik der Astrologie und dem Traumgeschehen vorliegt, indem sie beschreibt, wie sich die Energie der Tierkreiszeichen im Traum widerspiegelt. Der Schwerpunkt des Buches liegt auf der Betrachtung der Transite als Grundlage für die Traumdeutung. Anders ausgedrückt sie zeigt, wie wir mittels der Beobachtung von Transiten die Bedeutung der Traumbotschaft entschlüsseln können. Als Anregung zur eigenen Traumarbeit gibt sie zu jedem Planeten ein Auflistung der wichtigsten entsprechenden Traumbilder und die Interpretation von Traumbeispielen. Ein umfangreiches Kapitel enthält ein Lexikon der Traumsymbole unter astrologischen Gesichtspunkten.

Dabei wird deutlich, was für das gesamte Buch gilt. Es gibt keine pauschalen Deutungen. Astrologie ist ein Wegweiser und mit diesem Buch wird sie ein Mittel zur Erforschung der Traumwelt.

American Astrology

CHIRON VERLAG